SUTERUBEKI 40 NO "WARUI" SHUKAN
Copyright ⓒ Tokio Godo 2014
All Rights Reserved.
Original Japanese edition published by Nippon Jitsugyo Publishing Co., Ltd.
Korean translation rights arranged with Nippon Jitsugyo Publishing Co., Ltd.
through Timo Associates Inc., Japan and PLS Agency, Korea
Korean edition published in 2017 by SIGONGSA Co., Ltd.

이 책의 한국어판 저작권은 PLS와 Timo Associates를 통한 저작권자와의 독점 계약으로 (주)시공사에 있습니다. 신저작권법에 의해 한국어판의 저작권 보호를 받는 서적이므로 무단 전재와 복제를 금합니다.

# 나쁜 습관 정리법

고도 도키오 지음 | 이용택 옮김

지식너머

# PROLOGUE

잠시 페이지를 넘겨 목차를 살펴보자. 혹시 '나'와 관련된 항목이 있는가? 자신과 관련된 항목이 하나도 없다면 이 책을 덮고 서가에 도로 꽂아도 좋다.

하지만 이 책에 나열된 습관 중에서 버리고 싶은 항목이 하나라도 있다면 모두 버릴 때까지 이 책을 곁에 두고 틈날 때마다 펼쳐 읽어보기 바란다. 습관을 하나하나 버릴 때마다 당신의 인생은 조금씩, 하지만 분명히 달라질 것이다. 뿐만 아니라 버리고 싶은 항목을 모두 버리고 나면 자신이 하고 싶은 일, 소중하게 지키고 싶은 일, 나아가고 싶은 길이 뚜렷이 보일 것이다.

그때는 이 책 또한 버려라. 그리고 자신이 나아갈 길에 도움이 되는 실무서로 옮겨가도록 한다. 이 책과 같은 자기계발서를 더 이상 읽을 필요가 없어질 테니까.

- 고도 도키오

CONTENTS

PROLOGUE 04

PART 1
말

버리기 1 부정적인 말을 버린다 12

버리기 2 자신의 노력에 대한 자랑을 버린다 17

버리기 3 '바쁘다'라는 말을 버린다 22

버리기 4 남에 대한 험담을 버린다 26

버리기 5 핑계를 버린다 34

버리기 6 바른말을 버린다 38

PART 2
인간
관계

버리기 7 공적을 버린다 46

버리기 8 친구를 버린다 50

버리기 9 남과 비교하는 의식을 버린다 55

버리기 10 자존심을 버린다 60

버리기 11 좋은 사람을 버린다 65

버리기 12 인맥 관리를 버린다 72

버리기 13 기브 앤 테이크를 버린다 78

## PART 3
## 물건과 돈

- 버리기 14  자기계발서를 버린다  84
- 버리기 15  물욕을 버린다  93
- 버리기 16  절약과 저축에 대한 강박을 버린다  98
- 버리기 17  사진과 수첩을 버린다  103

## PART 4
## 업무 기술

- 버리기 18  시간 관리를 버린다  110
- 버리기 19  고객 지향성을 버린다  116
- 버리기 20  문제 해결 지향적 사고를 버린다  122
- 버리기 21  정보를 버린다  127
- 버리기 22  업무 시간에만 일한다는 생각을 버린다  132
- 버리기 23  완벽주의를 버린다  140

**PART 5**
## 일하는 법

버리기 24 자사 기준의 평가를 버린다 150

버리기 25 경력 향상 지향적 사고를 버린다 155

버리기 26 조기 은퇴를 버린다 162

버리기 27 성공 경험을 버린다 167

버리기 28 인내를 버린다 172

버리기 29 흑백 논리를 버린다 177

**PART 6**
**약한 마음**

버리기 30  질투를 버린다 **186**

버리기 31  의존심을 버린다 **194**

버리기 32  분수를 버린다 **200**

버리기 33  콤플렉스를 버린다 **207**

버리기 34  근심거리를 버린다 **213**

버리기 35  정의감을 버린다 **218**

버리기 36  다른 사람이 만든 성공 기준을 버린다 **225**

버리기 37  반성을 버린다 **230**

버리기 38  사회는 냉혹하다는 생각을 버린다 **235**

버리기 39  학력과 자격증에 대한 집착을 버린다 **240**

버리기 40  확대 지향을 버린다 **247**

1

말

버리기
1

# 부정적인 말을
# 버린다

| | |
|---|---|
| 못 버리면 | 능력 있는 사람과 멀어지고 능력 없는 사람이 다가온다. |
| 버리면 | 목표 달성에 도움이 되는 긍정적 사고가 몸에 밴다. |

"난 못해."

"위험성이 너무 커."

"해봤자 안 될 게 뻔해."

"관심 없어."

이렇게 부정적인 말을 입버릇처럼 내뱉는다면 지금 당장 고쳐야 한다. 부정적인 말을 자주 하면 나를 이끌어주고 도와줄 사람들이 나로부터 멀어지기 때문이다. '못해, 리스크가 커'라고 말하는 사람에게 올바른 조언을 해주고 싶어 하는 사람은 없을 것이다. 뿐만 아니라 응원해주고 싶은 마음 또한 생기지 않을 것이다. 부정적인 말을 많이 함으로써 "어차피 그 사람한테는 어떤 말을 해도 소용없어."라는 선입견을 상대방에게 심어줬기 때문이다. 이렇게 해서는 주변에서 유익한 조언이나 지원을 받을 수 없다. '해봤자 안 될 게 뻔해, 관심 없어'라고 말하는 사람에게는 새로운 사업이나 야심 찬 프로젝트에 관한 이야기를 꺼내고 싶지 않을 것이다. 어차피 설명해봤자 귀담아듣지도 않을 것이라 여기기 때문이다. 이는 스스로 새로운 기회를 걷어차버리는 꼴과 같다.

또한 부정적인 말은 생각을 멈추게 만든다. '못해, 안 될 게 뻔해'와 같은 말이 머릿속에 떠오르는 순간 뇌는 깊이 생각하기를 멈춘다. 이로 인해 해결 가능성이 있는 과제도 지레 포기하고, 애초에 해결책을 찾으려는 노력을 하지 않게 된다. 예를 들어, "해외로 이주할 방법이 있는데 가르쳐줄까?"라는 말을 듣는다면 어떻게 반응할까? 아마도 대부분의 사람들이 '우리나라에 직장이 있으니 안 돼, 우리나라에 집 사놓은 게 있어서 못 가, 외국은 말이 안 통해서 힘들어'와 같은 반응을 보일 것이다. 이때 뇌는 생각하는 일을 멈추고 해외로 이주할 방법을 아예 찾지 않게 된다.

### 뇌를 풀가동시키면 해결 방법을 반드시 찾아낼 수 있다

해외로 이주하는 게 진정 힘든 일일까? '나라 이름＋부동산'으로 인터넷 검색을 하면 거의 모든 나라마다 부동산 사업을 벌이는 자국민이 꼭 한 명씩은 있다는 사실을 알 수 있다. 이러한 현지에 사는 자국민 부동산업자를 통하면 해외에서 살 집을 구하는 것은 그리 어려운 일이 아니다.

인터넷에서 '나라 이름+비자 취득'으로 검색하면 장기 체류 비자를 받기 위한 조건도 알 수 있다. 예를 들어, 필리핀에서는 2만 달러(약 2,200만 원)의 예금과 연간 수수료 360달러(약 40만 원)가 있으면 1년짜리 장기 체류 비자를 취득할 수 있다. 세부처럼 집값이 싼 곳에서는 월세 5,000페소(약 12만 원)로 방 2개와 거실이 딸린 집을 빌릴 수 있다.

아이의 교육 환경이 걱정이라면 우리나라보다 저렴한 비용으로 아이를 국제 학교에 보낼 수 있는 나라도 있다. 말레이시아에서는 연간 학비 550만 원 정도만 내면 아이를 국제 학교에 보내서 영어와 중국어까지 마스터시킬 수 있다. 여기에 우리나라 말까지 더해 3개 국어를 구사한다면 아이는 전 세계 어디에 내놔도 빠지지 않는 어엿한 국제 비즈니스맨으로 활약할 수 있는 소지가 다분해진다.

해외에서 살게 될 경우 다음으로 생각해볼 문제는 생계를 위한 수입이다. 번역, 글쓰기, 디자인 같은 업무는 데이터로 결과물을 전송할 수 있어 세계 어느 곳에서든지 일할 수 있으니 걱정할 필요가 없다. 그 외에도 '해외 취업'으로 인터넷 검색을 하면 해외 구인 사이트를 잔뜩 찾아낼 수 있다. 우리나라에 머무르면서 국내 기업의 해외 지사 일자리도 구할 수 있다. 이 책을 쓰는 도중에 잠깐 검색해봤더니 '국내 모 기업의 말레이시아 현지 공장에서 품질 관리 직원 채용(월급 330

만 원)'이라는 구인 광고를 찾아냈다. 평균 월급이 110만 원에 불과한 현지 물가 수준에 비춰보면 파격적인 대우다. 다만 모집 요강에는 '영어 회화 능력 필수'라 적혀 있는데, 오늘부터라도 당장 영어 공부를 시작하면 그만이므로 이 또한 큰 문제는 아니다. 요즘에는 인터넷 채널을 통해 일대일로 영어 회화를 배울 수 있는 강좌가 많으니 찾아보면 된다.

　이처럼 두뇌를 풀가동시켜 정보를 캐내고 문제 해결 가능성을 논리적으로 파헤친다면 해결책을 얼마든지 찾아낼 수 있다. 문제 해결을 방해하는 요인이 명확해지고 그 방해 요인을 하나하나 제거할 수 있는 아이디어도 떠오를 것이다. "난 못해."라고 말하는 사람은 애초에 해외 이주 방법에 관해 자세히 조사하고 고민하려는 의욕조차 생기지 않는다. 이처럼 부정적인 말을 내뱉는 일은 결국 자신의 가능성을 스스로 꺾어버리는 무시무시한 행위다.

버리기
2

# 자신의 노력에 대한 자랑을 버린다

| | |
|---|---|
| **못 버리면** | 자의식 과잉이 나타나 재수 없는 사람으로 여겨진다. |
| **버리면** | 성과에 초점이 맞춰지고 노력도 높은 평가를 받는다. |

"상사는 지적만 하고 열심히 일하는 모습을 제대로 평가해주지 않아."

"노력하는데도 연봉이 오르지 않는 사회 시스템은 비정상이야."

이렇게 '나는 열심히 일하고 있는데…, 나는 노력하고 있는데…'와 같은 불평은 내뱉으면 안 되는 대표적인 말이다.

'열심히 일하네, 노력하고 있군' 같은 말은 애초에 남을 평가할 때 사용하는 말이지 자신을 스스로 높이 평가해서 남에게 알아달라고 과시하기 위한 말이 아니다. 가령, 하루에 영업 전화를 50통 거는 사람이 스스로 열심히 노력한다 생각하더라도 경쟁사의 영업 사원은 하루에 100통을 걸고 있을지 모른다. 하루에 12시간 일하는 사람이 '이렇게나 열심히 일하는데 연봉이 3,000만 원밖에 안 되다니 기가 막히는군.' 하는 불만을 품더라도 다른 업계에는 같은 연봉을 받으며 하루 16

시간씩 묵묵히 일하는 사람이 있을지 모른다. 실제로 한 경영 컨설팅 회사에서는 주말도 없이 하루에 20시간씩 일하는 경우가 다반사였다. 그래도 다들 열정적으로 일했고 불평불만을 터뜨리는 사람이 없었다.

자신은 스스로 노력하고 있다고 여겨도 세상에는 그보다 더 많이 노력하는 사람이 수두룩한 게 현실이다. 그러한 사람들을 못 본 체하고 '나는 열심히 일하고 있는데…'라고 말하는 모습은 떼쓰는 어린아이와 다름없다.

## 비즈니스 세계에서는 결과가 전부다

기본적으로 남들은 결과만 놓고 판단하지 과정을 보고 평가하지 않는다. 아무리 훌륭한 의견이 있더라도 그것을 밖으로 드러내지 않으면 아무 의견도 없는 것과 마찬가지다. 아무리 많은 공부를 했더라도 그 지식으로 사회에 공헌하거나 돈을 벌지 못한다면 이 역시 헛공부한 셈이다.

특히 비즈니스에서는 좋은 결과를 내야만 비로소 그 과정을 칭찬받을 수 있다. 노력했다고 칭찬받는 것은 학생 때까지만으로 족하다. 좋은 결과를 내지 못했는데도 '그래도 최선을 다했잖아, 열심히 했으니 이 정도면 만족스러운 결과야'라고 하는 것은 단순한 위로의 말밖에 되지 않는다.

당신이 상사의 위치에 있다 가정하고 부하 직원이나 후배가 "저도 열심히 하고 있습니다. 그런데 왜 제가 이런 평가를 받아야 합니까?" 하며 달려든다면 어떤 기분이 들겠는가? "마음은 알겠는데 결과가 영 시원치 않잖아. 정말 남들만큼 노력했다고 생각해? 구체적으로 뭘 어떻게 열심히 했다는 거야? 그게 정말 노력이라고 할만한 수준이야?"라고 마구 퍼붓고 싶을 것이다.

진심으로 인정받는 사람은 자신에 대한 평가를 전적으로 남들에게 맡기고 오로지 결과로만 승부한다. 결과로만 승부한다는 것은 모든 결과를 자신의 책임으로 받아들인다는 뜻이기도 하다. 따라서 인정받는 사람은 불평불만을 터뜨리지 않고 눈앞에 놓인 업무에만 집중한다. 좋은 결과가 나오지 않았을 때는 깨끗이 승복하고 다음을 위한 밑거름으로 삼는다. 이러한 자세는 주변에 믿음직스러운 모습으로 비쳐진다. 쓸데없는 핑계를 대지 않고 책임을 지려는 사람으로 보이기 때문이다. 그러니 애써 과정을 높이 평가받으려 할 필요는 없다. 그것보다는 결과를 내는 데 한층 더 힘을 쏟아야 한다.

### 과정 평가는 실력을 갈고닦기 위한 것

물론 과정이야 어떻든 결과만 좋으면 상관없다는 뜻은 아니다. 결과가 좋으려면 당연히 과정도 좋아야 한다. 결과로부터 거슬러 올라가 과정을 생각하는 자세가 필요하다는 것이다. 이는 원하는 결과를 내기 위해 어떤 수단이 필요한지, 만약 생각한 대로 결과가 나오지 않았다면 어떤 과정이 잘못인지를 고민해야 한다는 의미이기도 하다.

예를 들어, 손님을 100명 끌어모으라는 임무를 맡았다고 하자. 열심히 지인들과 만나고 전단지를 뿌리고 홍보 전화를 하면서 동분서주했지만 10명밖에 모으지 못했다. 이 경우 애쓴 것은 사실이니 그 노력만큼은 인정해달라고 할 수 있을까? 그보다는 처음에 '100명의 손님을 모으려면 이러이러한 방법이 좋겠다' 하는 가설을 먼저 세우고, 그 가설을 실행에 옮겨 검증하는 과정을 밟아야 했다. 손님의 수를 채우지 못했다면 이유를 찾아내고 새로운 수단을 강구한 후 다시 실행하고 검증해봐야 한다. 이 가설-검증 사이클을 몇 번이고 돌린다. 상사, 동료, 부하 직원에게서 아이디어를 모으고 조언을 받으면서 생각할 수 있는 모든 방법을 시도해본다. 주변에서 "이렇게까지 해야 해?"라는 말이 나올 정도로 시행착오를 거듭한다. 이렇게까지 했는데도 손님을 끌어모으는 데 실패한다면 "죄송합니다. 제 실력이 부족했습니다." 하며 자신의 잘못을 깨끗이 시인한다. 이와 같은 모습을 보여줘야만 주변에서는 비로소 "그렇게까지 열심히 했는데도 안 됐으니 어쩔 수 없지. 다음에 잘해." 하고 노력을 인정해줄 것이다.

버리기

3

## '바쁘다'라는 말을 버린다

> **못 버리면** 주변의 변화를 알아차리지 못한다.
> **버리면** 상황을 전체적으로 내려다보는 힘이 강해지고 업무 처리 능력이 높아진다.

　'바쁘다'라는 말 또한 오늘부터 그만두자. 바쁘다는 말은 대개 허세일 뿐이다. '나는 유능한 사람이야'라고 과시함으로써 마음속에 응어리졌던 불만을 털어내려는 심리 혹은 늘 제자리걸음인 초라한 자신의 모습을 숨기려는 심리의 발로다.

　약속 시간에 늦었을 때 "죄송합니다. 제가 좀 바빠서요."라고 핑계를 대는 사람은 신용을 잃기 쉽다. 자신만 생각하고 상대방이 어찌 되든 상관 안 한다는 자기중심적인 마음이 그대로 드러나 보이기 때문이다. 즉, 바쁘다는 말은 자신감 결여, 허세 부리고 싶어 하는 취약한 내면 그리고 자기중심적 발상마저 드러내는 매우 부끄러운 표현이다.

　또한 바쁘다는 말을 입에 달고 지내다 보면 희한하게도 실제로 정신없이 분주해진다. 한 해가 끝나가는 12월이 되면 특별히 할 일도 없으면서 왠지 조급해지는 심정과 비슷하다. 이렇게 마음이 조급하고 어수선해지면 주변 상황을 전체적으로 내려다보거나 차분히 고민할 여유가 사라진다. 결국에는 주변의 변화를 눈치채지 못하는 상황까지 이르게 될 수 있다. 업계 전체가 축소되거나, 회사 사정이 악화되고 있는데도 알아차리지 못하는 것이다. '거래처의 상황을 보아하니 외상 판매를 더 이상 해주면 안 되겠구나.' 하는 냉정한 판단도, '가족의 불만이 커진 것 같은데 아무래도 집안에 신경을 좀 써야겠어.' 하는 세심한 배려도 불가능해진다. 심지어 자신의 인생이 어느 방향으로 향하는지조차 깨닫지 못한다.

물론 가끔은 곁눈질하지 않고 한곳에만 집중해서 빠른 속도로 전진해야 할 때도 있다. 하지만 앞만 보고 나아가는 데만 지나치게 마음을 빼앗긴다면 주변이 어떻게 달라지는지, 소중한 사람들이 어떤 생각을 하는지 알아차릴 수 없다. 그러므로 바쁘다는 말을 자신의 어휘 목록에서 아예 지워버리는 게 좋다. 바쁘다는 말 대신 '아직 여유 있어.'라는 말을 되뇌어보자.

아직 여유가 있다는 말은 두 가지 효과를 지닌다. 첫째, '너무 바빠서 거기까지 손댈 시간이 없어.'라는 핑계를 없앨 수 있다. 그리고 '이 정도 분량의 업무를 어떻게 하면 더 효율적으로 끝낼 수 있을까?' 하는 발상이 생겨난다. 해야 할 과제를 전부 적어놓고 일의 우선순위 정하기 같은 괜찮은 아이디어를 찾아낼 수 있다. 이것이 자신의 가능성을 넓히고 업무 처리 능력을 높이게 된다.

## 뇌의 사고 영역에 여유가 생긴다

바쁘다는 말을 버리면 뇌의 사고 영역에 여유가 생긴다. 바쁜 와중에도 아직 여유가 있음을 스스로 되뇌면 해야 할 일이 잔뜩 쌓여 있다는 심리적 패닉 상태에서 한 발짝 빠져나와 냉정을 되찾을 수 있다. 그러면 일의 우선순위를 유연하게 변경할 수 있고, 눈앞에 닥친 업무뿐 아니라 앞으로의 업무와 방향성까지 동시에 생각할 수 있게 된다. 업무에 쫓기는 것이 아니라 스스로 업무를 통제한다는 쾌감을 느끼게 되는 것이다. 눈앞의 일에 집중하는 동시에 중장기 프로젝트 또한 소홀히 하지 않도록 의식적으로 노력하자. 그러면 주변으로부터 안정감 있는 인물로 평가받을 수 있다. 매우 바쁠 것 같은데도 표정에서 여유를 잃지 않으면 비즈니스맨으로서 커다란 장점이 된다.

"아, 바쁘다. 바빠." 하며 부산을 떠는 사람보다는 침착한 표정으로 "네. 제가 하겠습니다." 하고 야무지게 말하는 사람이 훨씬 든든해 보인다. 뿐만 아니라 일을 맡기기도 편하고 업무 상담을 하기 편한 분위기가 조성된다. 더 나아가 상사와 부하 직원으로부터 신뢰도 얻는다.

버리기
4

# 남에 대한 험담을
# 버린다

| | |
|---|---|
| 못 버리면 | 상상력이 무뎌지고 성장이 멈춘다. |
| 버리면 | 마인드 컨트롤의 달인이 된다. |

"우리 회사는 틀렸어."
"사장님은 아무것도 몰라."
"윗사람들이 능력 없어서 정말 큰일이야."
"왜 그 녀석은 쓸데없이 난리야."

술집에서 난무하는 대화는 이렇듯 험담으로 점철된다. 가끔 불만을 토로하며 스트레스를 푸는 게 뭐 어떠냐 싶겠지만, 단언컨대 내 주변에는 험담을 늘어놓으면서 성공한 사람이 단 한 명도 없다. 그 이유를 생각해보자.

### 이유 1. '비논리적인 사람, 조직과 어울리지 못하는 사람'이라는 낙인이 찍힌다

상사나 동료에 대해 험담을 늘어놓는 사람은 당사자 앞에서는 말 못하고 뒤에서만 수군거린다. 당사자에게 직접 말할 용기가 없을뿐더러, 당사자에 대한 불만이나 개선점을 합리적으로 전달해서 설득하는 방법도 모른다. 자신의 상황에 따라 상대방에게 불만을 토로할 뿐 논리적으로 상대방이 납득하도록 설명할 수 없기 때문에 험담으로 빠지고 마는 것이다. 예를 들어, 상사의 지시가 중구난방인 탓에 항상 쓸데없는 일을 하느라 시간을 낭비하는 게 불만이라면 "불필요한 일을 자주 하게 되면 비효율적이니까 처음부터 최종 성과물의 이미지를 구체적으로 공유하는 게 어떨까요?"라고 제안하기는 결코 어렵지 않다.

물론 아무리 이야기해도 알아듣지 못하는 사람이 있기는 하지만, 대부분은 자신의 감정 때문에 논리적으로 대화하지 못하는 게 험담의 원인이다. 불만이 크다면 이러한 상황을 바꾸려는 객관적이고 건설적인 제안을 해야 마땅하다. 무조건 불평불만을 터뜨리는 사람은 감정적이고 비논리적으로 사고하는 사람 취급을 받기 쉽다. 과연 이러한 사람이 기업에서 요구하는 인재가 될 수 있을까?

### 이유 2. 자기중심적이다

불평불만은 남의 언행이나 주변 상황에 대한 자신의 감정에 지나지 않는다. 남의 언행이나 주변 상황이 자신의 생각대로 된다면 만족스러울 것이다. 불만은 자신의 뜻대로 되지 않을 때 일어나는 감정이다. 상대방이 자신이 바라는 대로 움직이지 않기 때문에 '저 사람은 마음에 안 들어, 짜증 나는 인간이야'와 같은 감정으로 이어지게 된다. 왜 불평불만을 누르지 못하고 상대방과 부딪힐까? 그것은 자신이 옳다고 생각하기 때문이다. '나는 틀리지 않았으니 내가 바뀔 필요는 없다 → 틀린 쪽은 상대방이다 → 당연히 상대방이 바뀌어야 한다'와 같은 사고 패턴을 지니고 있는 것이다.

상대방의 입장이나 가치관의 차이를 헤아리려는 노력 없이 자신의 기대치만 내세우거나, 스스로 바뀌려 하지 않고 상대방만 달라지기를 원하는 것은 자기중심적이라는 말로밖에 표현할 수 없다. 이러한 사람이 주변으로부터 칭찬받는 일은 없다.

### 이유 3. 결단력이 없다는 점을 들킨다

"우리 사장님은 멍청해."라고 말하는 사람은 멍청한 사장 밑에서 일하고 있는 더 멍청한 직원이다. 쥐조차 침몰하는 배에서 탈출한다고 한다. 하물며 사람이 멍청한 사장 밑에서 다 쓰러져가는 회사에 붙어 있다는 것은 그 사람의 판단력이 딱 그 정도 수준이라는 뜻이다. "이 따위 회사 당장 그만두고 만다!"라고 말하는 사람치고 정말로 사표를 내는 사람이 별로 없다는 것은 익히 알고 있을 것이다. 우수한 인재는 '아, 이 회사에서는 더 이상 성장할 수 없겠구나.' 하는 생각이 들면 주변에 굳이 떠벌리고 다니지 않고 조용히 회사를 그만둔다. 주변 사람에게는 느닷없이 사표를 낸 것처럼 비쳐진다. 더 이상 안 되겠다 싶을 때 즉각적으로 마음을 정하는 사람과 불만을 터뜨리면서도 결정을 내리지 못하고 질척거리며 붙어 있는 사람 사이에는 거대한 결단력의 차이가 존재한다.

## 이유 4. 자신의 언행에 대한 상상력이 부족하다

예나 지금이나 이직을 하는 가장 큰 이유는 인간관계다. 그중에서도 불행한 이직의 대표적인 예는 회사나 사장 혹은 상사에 대한 푸념을 늘어놓다 직장 내에서 입지를 잃고 어쩔 수 없이 이직하게 되는 경우다.

험담은 돌고 돌아 반드시 본인의 귀로 들어가는 법이다. 뒤에서만 수군댔다 하더라도 그 험담을 들은 사람은 다른 곳에서도 똑같은 험담을 하기 마련이다. 상사는 직원들이 뒤에서 자기 욕을 하고 있다는 사실을 언젠가는 알아차리게 된다. 똑같은 험담을 A직원과 B직원이 한다면, 'A직원, B직원과 친한 C직원도 분명히 내 험담을 하고 있겠지.' 하고 미루어 짐작할 수도 있다. 상사도 사람이기 때문에 자신의 험담을 하는 직원들에게는 잘해주고 싶은 마음이 들지 않을 것이다. 마음에서 우러나오는 미소를 직원들에게 보여주기도 힘들다. 물론 겉으로는 내색하지 않겠지만 이러면서 점점 대화가 사라지게 된다. 부하 직원도 상사의 심경 변화를 민감하게 받아들여 갈수록 사이가 어색해진다. 그러면 회사 내에서 마음 편히 지내기가 힘들어질 것이다. '이런 회사 더 이상 흥미 없어.' 하는 생각이 들기 시작하면 업무에 몰두하지 못해 실적이 떨어지고 서서히 입지가 좁아진다. 마지막에는 회사와의 거리가 벌어질 대로 벌어져 결국 이직을 생각하게 된다.

이러한 사람은 어느 직장에 가더라도 똑같은 패턴으로 이직을 반복할 확률이 높다. 불평불만이나 험담은 스스로를 막다른 곳에 몰아넣는 행위와 같다. 문제는 이와 같은 자신의 언행이 어떤 결과를 초래할지 상상하지 못하는 둔한 감수성이다. 상상력이 결여된 사람이 과연 어떤 일을 제대로 이룰 수 있겠는가.

## 이유 5. 시간을 낭비한다

성공하는 사람이 불평불만을 터뜨리지 않는 가장 큰 이유는 생산성 없는 시간을 가장 싫어하기 때문이다. 불평불만을 터뜨려봤자 바뀌는 것은 없다. 부정적인 사람과 함께 일하면 그 사람의 푸념을 듣느라 쓸데없이 시간을 낭비하게 된다. 그래서 유능한 사람은 불평불만을 터뜨리는 사람을 멀리한다. 푸념을 늘어놓는 사람의 주변에는 필연적으로 비슷비슷한 불평꾼들만 남는다.

말은 감정을 증폭시키는 측면이 있다. 입으로 내뱉은 부정적인 말이 귀로 들어가면 뇌가 새로이 그 말의 부정적인 에너지를 인식해서 불평불만이 더욱 강해진다. 불평의 악순환에 빠지고 마는 셈이다. 불평불만이나 푸념을 늘어놓는 행위는 어리석은 사람들의 전유물임을 기억하자.

### 불평불만의 감정을 달래려면...

불만의 감정을 쉬이 없애기는 힘들다. 사람은 누구나 화가 치밀어 오르는 상황과 맞닥뜨리기 마련이다. 이때 분노의 감정을 스스로 달래는 것이 관건이다.

먼저 상대방 혹은 어떤 상황에 대한 관심을 일부러 꺼버리는 방법을 생각해볼 수 있다. 극단적인 예이지만, 어느 텔레비전 방송국에서 특정 프로그램에만 치우쳐 방송 편성을 했다고 항의가 일어난 적이 있다. 하지만 방송 편성에 불만이 있는 사람은 그 방송을 보지 않으면 된다. 보지 않으면 어떤 프로그램이 방송되는지 알 도리가 없기 때문에 불만을 가질 이유도 없다.

또 다른 방법으로는 불만의 감정을 떨치려면 무엇을 해야 좋을지 생각하는 것이다. 상대방을 바꾸려 하지 말고 스스로 바뀔 수 있는 부분이나 자신이 할 수 있는 일을 찾는다. 예를 들어, '왜 그 녀석은 나한테 연락 한 번 하지 않지?'라고 분통을 터뜨리기 전에 자신이 먼저 연락하면 된다. 부하 직원이 업무 진행 상황에 대해 보고해주기를 초조하게 기다리지 말고 "그 업무 지금 어떻게 진행되고 있어?"라고 먼저 물어보면 그만이다.

남들이 생각대로 움직여주지 않으니까 초조해지는 것이다. 그럴 바에야 차라리 스스로 움직여 초조함을 없애면 불만의 감정 또한 저절로 누그러진다.

# 핑계를 버린다

> **못 버리면** 사람이 떠나간다.
> **버리면** 신뢰를 얻는다.

 직장 생활을 하면서 핑계를 대는 사람은 주변으로부터 신뢰를 얻기 힘들다. "○○에서 아직 견적서가 오지 않았는데 어떻게 된 거야?"라고 상사가 물었을 때, 부하 직원이 "아직 그쪽에서 답장이 안 왔습니다."라고 대답하는 광경을 흔히 볼 수 있다. 그런데 이러한 부하 직원의 대답에는 '견적서가 안 온 것은 그쪽 회사 탓이지 내 잘못이 아니다'라는 변명이 담겨 있다. 이 경우 상사가 "그럼 얼른 확인 전화부터 해봐야 할 거 아냐!" 하고 호통치더라도 부하 직원으로서는 할 말이 없는 상황이다. 부하 직원의 바람직한 반응은 "죄송합니다. 제가 꼼꼼히 확인하지 못했습니다. 지금 당장 전화해서 견적서를 시급히 제출해달라고 요청하겠습니다. 일단 제가 자세히 조사하고 나서 오늘 오후 1시까지는 1차 보고를 드리겠습니다."라고 사죄와 함께 대응책을 구체적으로 설명하는 것이다. 그러면 다음에 어떤 행동을 할지 알 수 있기 때문에 상사로서도 더 이상 화낼 이유가 없다. "그래? 처음부터 똑바로 하지 그랬어."라고 한마디 할 수는 있겠지만 말이다.

    핑계를 대는 사람은 어떤 일에서든 하나같이 '나는 잘못한 게 없어. 다 남들 탓이야.'라는 생각을 앞세운다. 자기 자리 지키기에만 급급해서 '어떻게 하면 책임을 지지 않을까?, 어떻게 하면 비난의 화살을 피할까?' 하는 보신주의에만 온 힘을 쏟는 태도가 몸에 밴다. 기업이나 정치가가 사회적 불상사를 일으킨 후 기자 회견 자리에서 핑계를 대는 경우가 있다. 이를 두고 언론에서는 책임을 회피하려는 태도라며 질책을 쏟아낸다. '사죄하면 마치 실패한 것처럼 느껴져서 수치스럽다, 나만 잘못한 것도 아닌데 왜 나만 비난받아야 하나?' 하는 자기중심적인 생각에 사로잡히면 문제를 정면으로 마주하고 멋지게 책임을 져야겠다는 발상을 하지 못한다.

## 파산을 경험한 경영자가 재창업하고 재기할 수 있었던 이유

    주변에 부동산 개발업으로 성공한 친구가 있다. 그 친구는 이전에 회사를 경영했는데 2008년 리먼 브라더스 사태 여파로 파산의 쓴맛을 맛봐야 했다. 파산 전 자금 사정이 악화되어 거래처에 돈을 지급할 수 없게 되었다. 당시 출자자와 채권자에게 회사 사정을 설명하러 가는 길은 굉장한 고역이었다. 자금 독촉과 압박의 말을 들을 게 뻔했기 때문이다. 하지만 그는 도망치지 않고 출자자와 채권자는 물론 어떤 형태로든 돈을 지급받지 못한 모든 사람에게 매주 꼬박꼬박 상황 보고를 하러 갔다. 게다가 이메일로 연락하는 게 아니라 직접 방문하는 쪽을 고수했다. 회사가 완전히 파산할 때까지 그의 극진한 상황 보고는 꾸준히 계속되었다. 그러자 어느 사이에 그 친구에 대해 매주 빠지지 않고 보고해주는 요즘 보기 드문 성실한 사람이라는 평가가 돌기 시작했다. 파산 후 부동산 회사를 재창업하자 과거 거래처에서 찾아와 토지 정보를 제공해주거나 융자를 내주기도 했다. 이러한 주변의 도움 덕분에 불황임에도 불구하고 그는 가벼운 마음으로 사업을 시작할 수 있었고, 3년째 되는 해에 회사는 연 매출 330억 원에 이를 정도로 급성장했다.

    이와 같이 자신에게 불리한 결과가 나오더라도 핑계를 대는 대신에 스스로 책임지고 마지막까지 도망치지 않는 자세는 주변의 신뢰를 얻게 해준다.

# 바른말을
# 버린다

> **못 버리면**    말만 번지르르한 성가신 사람으로 평가받는다.
>
> **버리면**    조직을 바꾸는 핵심 인물이 된다.

    바른말만 하는 사람은 정의감이 강한 사람이다. 이러한 사람은 대개 성실하고 우수하지만, 회사 조직에서 모순점을 발견하면 참지 못한다. 그런데 기업이라는 곳은 원래 어느 정도의 모순점이나 비효율적인 면을 품고 있기 마련이다. 이 모순점을 그대로 방치하고 있는 이유는 필요악이기 때문일 수도 있고, 해결하는 데 많은 에너지가 들기 때문일 수도 있다. 그래서 그냥 방치해두는 편이 오히려 편하거나 해가 없다고 판단했을지 모른다. 혹은 창업자의 의도가 녹아든 오랜 전통이기 때문에 쉽사리 바꾸지 못하는 경우도 있을 것이다.

    물론 비리나 위법 행위까지 눈감아도 좋다는 이야기는 아니다. 또한 고객이나 회사에 확실한 손해를 끼치는 경우라면 지금 당장 고쳐야 한다. 하지만 언뜻 보기에 불합리한 문화나 시스템이지만 별다른 해를 끼치지 않는다면 좀 더 융통성 있는 자세가 필요하다. '우리 회사는 시대에 뒤떨어졌어, 이런

어처구니없는 관례가 버젓이 통하다니 정말 이상한 조직이야'와 같이 말하는 사람은 회사에서 성가신 존재로 비쳐진다. 그리고 모든 사람이 다 알고 있지만 쉬쉬하는 일을 굳이 건드리려 한다는 인식을 심어주게 된다.

## 기회를 잡는 방법

기회를 잡는 사람은 조직 내에 불합리하거나 비효율적인 면이 존재한다는 사실을 그대로 받아들인다. 회사와 싸워봤자 소용없다는 점을 잘 알고 있기 때문에 모순점을 품고 있는 조직 안에서 자신이 어떻게 행동해야 할지만을 생각한다. 적어도 이 모순점만큼은 고쳐야겠다는 생각이 들면 주변을 배려하며 객관적으로 말을 꺼낸다. 예를 들어, "그 방법은 ○○한 문제가 있는 것 같습니다. 다음에는 시험 삼아 ○○한 방법을 취해보는 게 어떨까요?"라고 정중하게 말하는 게 좋다. 그래도 통하지 않는다면 상사가 납득할 수 있는 근거와 성과를 모아 제안서로 제출하거나, 직접 새로운 방법을 시도해보고 실적을 냄으로써 자신의 주장이 올바름을 증명해 보인 후 회사를 설득한다.

앞서 언급했던 친구의 부동산 회사 이야기로 다시 돌아가 보자. 얼마 전 그 회사의 판매팀이 부진에 빠졌다. 만약 목표

실적을 달성하지 못한다면 다음번 상여금은 없다고 회사로부터 통보를 받은 상황까지 몰렸다. 그러자 위기감을 느낀 판매팀 직원들은 거액의 강의료를 지불하고 집객 방법에 관한 강좌를 듣기로 했다. 강좌의 내용은 다음과 같았다.

'무료 세미나를 개최하고 그 세미나 장면을 동영상으로 촬영한다. 동영상을 홈페이지에 올리거나 DM으로 발송하며 회사를 홍보한다. 또 다른 무료 세미나 일정을 공지하며 홍보를 이어간다.'

판매팀 직원들은 이 방법을 실천하기로 했다. 하지만 세미나 개최 비용을 마련하기가 힘들었다. 회사에서 세미나를 개최하는 데 탐탁지 않은 반응을 보였기 때문이다. 그래서 일단 직원들이 세미나 개최 비용을 자비로 분담했다. 회사 예산이 없다는 사실을 잘 알아서 회사에는 도저히 청구할 엄두가 나지 않았기 때문이다. 그리고 반년 후 판매팀의 매출은 급격히 증가했고 상여금도 지난번보다 더 많이 지급받게 되었다. 당연히 회사에서도 판매팀의 달라진 모습에 놀라움을 감추지 못했고, 세미나를 개최하는 데 자비를 썼다는 속사정까지 알게 되었다. 판매팀의 활동과 성과를 높이 평가한 회사는 그동안 판매팀이 사용한 세미나 개최 비용을 전액 되돌려줬다고 한다.

달라져야 한다는 말은 누구나 쉽게 할 수 있다. 하지만 행동이 뒤따르지 않는다면 이는 외부인의 무책임한 발언에 지나지 않는다. 말만 번지르르한 사람은 상대방이 직접 해보라며 반발하면 꼬리를 감추고 줄행랑치기 급급하다. 윗사람들은 말만 번지르르한 사람을 귀신같이 알아낸다. 조직에 분란을 일으키는 사람으로 찍히면 상사의 지원을 받기가 힘들어진다. 먼저 스스로 움직여 결과로 증명해 보이는 것이 가장 좋다. 이렇게 해서 나온 결과는 회사를 설득하는 좋은 재료가 된다. 그러면 앞선 예에서처럼 보너스를 지급하지 않겠다고 말한 회사마저도 바꿀 수 있다. 자신의 생각대로 조직을 움직일 가능성이 생겨나는 셈이다. 가장 먼저 해야 할 일은 회사에 변혁을 요구하는 것이 아니라 자기 자신부터 일단 변혁시키는 것이다. 바른말을 하기 전에 먼저 그 바른말을 직접 실천해서 결과를 보여주자.

## 2

# 인간관계

# 공적을
# 버린다

| | |
|---|---|
| **못 버리면** | 주변의 불평을 산다. |
| **버리면** | 함께 일하고 싶은 사람이 된다. |

자주 하는 농담을 하나 소개한다.

"선배님, 드디어 대형 계약을 체결했습니다. 아마 다들 놀라겠지요?"

"어, 그래. 얼른 회사로 돌아가서 보고하자."

영업부의 경수 씨는 회사 선배인 영호 씨와 기쁨을 만끽하며 회사로 돌아왔다.

"경수 씨, 축하합니다."

"정말 축하드려요, 경수 씨."

아직 대형 계약 건에 관해 보고도 하지 않았는데 회사에 돌아가니 다들 어떻게 알았는지 박수 세례로 반겨줬다. 부장님까지 직접 경수 씨에게 악수를 권했다. 경수 씨는 부장님의 손을 잡으며 말했다.

"아유, 아닙니다. 저는 아무것도 한 게 없습니다. 모두 선배님이 한 일이죠. 저는 그저 옆에서 지켜보기만 했을 뿐입니다."

경수 씨가 쑥스러워하면서 말하자 모든 사람이 그 자리에서 얼어붙고 말았다. 부장님은 표정이 굳어졌고 내밀었던 손을 선배인 영호 씨에게 돌렸다.

"그렇군요. 영호 씨, 축하드립니다. 경수 씨 부인이 아기를 낳았다고 합니다."

시답잖은 농담이지만 배울 점이 있다. 경수 씨가 대형 계약을 체결한 공적을 선배에게 양보하려 했다는 점이다. 누구나 자신의 실적과 성과를 자랑하고 싶어 한다. 계약을 따내거나 매출을 올리거나 비용을 줄이는 데 자신이 공헌했다면 '내 덕분이다'라고 주장하고 싶어지는 게 인지상정이다. 하지만 자신의 공적을 자랑하는 순간 주변에서는 '너만 혼자 잘한 게 아닐 텐데, 남의 공적을 가로챌 작정이냐?, 협력해준 사람에게 감사할 줄도 모르는군' 등의 반발심을 유발할 가능성이 생겨난다. "잘했어. 자네 덕분에 성공했어."라는 말을 들었을 때는 건방 떨고 싶은 마음을 꾹 참고 "아닙니다. 일이 이렇게 잘된 것은 다른 분들 덕분입니다. 그분들께 정말 감사드립니다."라고 자신의 공적을 주변 사람들에게 돌려야 한다.

영업부는 영업을 지원해주는 사내 부서가 있기 때문에 영업 활동에만 전념할 수 있다. 또한 상사나 부하 직원이 있기 때문에 자신의 온전한 힘을 발휘할 수 있다. 그리고 회사라는 울타리가 있기 때문에 비로소 돈벌이를 할 수가 있다. 이러한 당연한 사실을 잊지 말고 언제나 주변에 감사하는 마음을 지녀야 한다.

 윗사람이든 아랫사람이든 당신의 그러한 자세를 늘 지켜보고 있다. 윗사람에게는 당신이 주변을 배려할 줄 아는 겸허한 사람으로 비쳐질 것이고, 아랫사람에게는 당신이 부하 직원을 인정해주는 좋은 상사로 여겨질 것이다. 그러면 다음번에 또 이 사람과 일하고 싶다는 신뢰감을 줄 수 있다.

# 친구를
# 버린다

> 못 버리면　눈에 띄는 성과를 내는 데 실패한다.
> 버리면　　자신을 성장시켜줄 사람과 만난다.

　비즈니스에서 성공한 사람들 중에는 친구가 적다고 당당히 말하는 사람이 많다. 사업을 하면서 1년에 10억 원 이상을 버는 지인도 "내 친구는 다섯 손가락으로 꼽을 정도야."라고 말한다. 일본 유수의 라면 체인 창업자도 한 강연에서 친구가 없다고 진지하게 이야기했다. 성공하는 사업가들은 일반인이 이해하기 힘든 사고와 감성을 지닌 듯하다. 그들의 마음속 깊은 곳에 있는 강렬한 목표 달성 의식이 그저 그런 친구 관계를 기피하도록 만드는지도 모른다.

> **옛이야기를 하며 서로의 상처를
> 보듬어주는 행위에는 메리트가 없다**

　주변의 경영자 가운데 대다수는 이야기가 통하지 않는다

는 이유로 학창 시절 동창생과 사이를 둔다고 한다. 오랜 친구와는 학창 시절 있었던 일을 안주 삼아 이야기꽃을 피우기 마련이다. 하지만 경영자는 이러한 옛이야기에 흥미가 없다. 눈앞에는 회사의 현재와 미래밖에 보이지 않기 때문에 과거 이야기를 해봤자 아련한 느낌만 들 뿐 직접적인 메리트는 없다는 생각에서일 것이다. 과거의 영광에 안주해서는 미래로 나아갈 수 없는 법이다. 가끔씩 오랜 친구와 만나 옛정을 나누는 것은 결코 나쁜 일이 아니다. 그런데 친구를 너무 자주 만나다 보면 전에 했던 이야기를 또 하게 되고 생산성 없는 시간만 늘어날 뿐이다.

자신의 하소연을 들어주는 친구가 소중하다는 의견도 있다. 하지만 친구에게 푸념을 늘어놓아야만 마음이 풀리는 사람은 스스로 감정 컨트롤을 하지 못하는 사람이다. 자신의 마음을 스스로 달래지도 못할뿐더러 자신의 문제를 홀로 해결하지도 못한다. 이와 같은 사람은 역경과 스트레스에 약하고 자존심을 유지하기 힘들다. 그래서 더욱 친구에게 푸념을 늘어놓고 싶어지고 친구로부터 공감을 얻으려 한다. 자신이 틀리지 않았음을 인정받고 괜찮다는 위로를 받으면서 안정감을 느끼고 싶어 한다.

그러나 좋은 결과를 내는 사람은 남들에게 푸념을 늘어놓을 필요가 없다. 자신의 생각대로 되지 않는 일이 있어도 푸념하기보다는 문제 해결을 위한 대책을 고민하고 실행하는 편이 훨씬 낫다는 사실을 잘 알기 때문이다.

## 고독이나 고립은 목표 달성의 원동력이 된다

흔히 경영자는 고독하다고 한다. 그 이유 가운데 하나는 경영자들이 대개 혼자서 생각하고 혼자서 결단을 내리는 까닭도 있을 것이다. 경영자의 강력한 의지는 모든 일에 대한 책임을 받아들이고 주변에서 어떤 반응을 보이든 자신의 목표를 달성하려는 원동력으로 이어진다. 회사를 성공시키는 사장은 혼자서 생각할 시간을 늘 확보해둔다. 급성장하는 젊은 회사에서 균열이 자주 발생하는 이유는 사장이 너무 바쁜 나머지 홀로 지긋이 생각할 시간을 충분히 확보하지 못하기 때문이 아닐까? 홀로 행동하지 못하는 사람이나 홀로 있으면 외로움을 타는 사람은 남의 의견에 맞추려는 의지가 강하다. 그 때문에 자신만의 독특한 개성을 발휘하지 못하고 결과적으로 눈에 띄는 성과를 올리지 못하게 된다.

## 목표 달성과 관계없는 사람과 사귈 시간은 없다

요즘 대학생과 교류하면서 알게 된 것이 있다. 혼자 고립

되어 있는 것처럼 보이는 학생이 오히려 깊은 생각을 지니고 있고, 붙임성 좋고 친구가 많은 학생이 왠지 모르게 생각이 얕다는 사실이다. 물론 남들과 의논하는 일은 중요하다. 의견을 교환함으로써 새로운 착상을 발견하고 머릿속에서 자신의 생각을 정리하는 효과도 있다. 그러나 이러한 효과를 얻을 수 있는 상대방은 평범한 친구가 아니라 자신보다 뛰어난 인물이어야 한다.

돈을 많이 벌고 싶다면 돈벌이와 관련된 일에 시간을 투자해야 한다. 더 성공하고 싶다면 어떻게 하면 성공할 수 있을지 고민할 시간이 필요하다. 홀로 있어야만 차분히 고민하고, 내면을 성찰하고, 앞으로 취해야 할 행동 계획과 전략을 세울 수 있다.

실제로 어떤 목표를 이루려고 집중하는 사람은 다른 사람과 쓸데없이 엮일 시간이 없다. 공부에 열심인 수험생, 회사를 갓 창업해서 영업 전화를 거는 데 필사적인 사업가, 만화 혹은 소설 창작에 몰두하는 작가, 회사에서 기획서를 단숨에 작성해내는 직장인 등 이들 모두는 자기 일에 홀로 매진하고 있고 남들이 끼어들 여지가 적다. 쓸데없는 만남을 지속하며 시간을 낭비하기에는 인생이 너무나 짧다.

버리기
9

# 남과 비교하는
# 의식을 버린다

| 못 버리면 | 쓸데없는 에너지를 잔뜩 소비해버린다. |
| 버리면 | 행복해지기 위한 행동에 집중하게 된다. |

'이웃집은 고급 외제차로 바꿨는데 우리 집은 여전히 국산 경차, 같은 반 친구네 집에서는 연말연시에 하와이 여행을 간다는데 우리 집은 겨우 연말 특집 TV 프로그램, 회사 동료는 과장으로 승진했는데 나는 아직 대리…'

이러한 식으로 남들과 비교하면 마음이 흐트러지는 법이다. 형언할 수 없는 깊은 패배감과 좌절감에 사로잡히기도 한다. 남들과 비교한다 하더라도 '나도 다음번에 고급 외제차를 살 수 있을 만큼 보너스를 많이 받도록 노력해야지!' 하며 의욕을 내는 사람이라면 별문제가 없다. 오히려 남들과 비교하며 힘을 낼 수 있으니 더 좋은 셈이다.

하지만 남들과 비교하면서 불안해지거나, 화가 치밀어오르거나, 스스로 한심하다고 느낀다면 지금 당장 남과 비교하는 의식을 버려야 한다. 이와 같은 감정은 초조, 조바심, 불쾌, 우울, 질투, 낙심 같은 쓸데없는 에너지를 잔뜩 소비해버리게 만드는 덫이다. 이래서는 긍정적인 동기 유발이 되지 않고 비굴한 발상에만 사로잡히고 만다. 긍정적인 행동이 아니라 남의 발목을 잡는 행동으로만 치닫게 된다.

### 자신의 판단을 스스로 존중할 수 있어야 한다

어떻게 하면 남을 신경 쓰는 자신을 버릴 수 있을까?

첫 번째 방법은 자신의 가치관과 그 가치관을 토대로 내린 판단을 존중하는 것이다. 남의 기준이 아닌 자신의 기준으로 스스로의 가치를 측정해야 한다. 예를 들어, 이웃이 고급 외제차를 구입했다 하더라도 '나에게 자동차는 단순한 이동 수단일 뿐인 데다 어차피 주말에만 운전하는걸. 그렇다면 쓸데없이 커다란 자동차보다는 기름 값 적게 들고 세금도 저렴한 경차를 모는 게 합리적이야.'라는 결론을 내린다. 또한 동료가 호화로운 저택을 지었더라도 '나에게 집은 도구에 불과해. 도구에 거액의 돈을 투자했다가 다른 활동을 하는 데 돈이 쪼들리는 것보다는 적당한 크기의 집에서 살면서 여윳돈으로 인생을 즐기는 게 좋아.'라고 판단한다.

자신의 행동과 판단을 논리적으로 뒷받침함으로써 부러워하거나 비굴해하는 감정을 충분히 누그러뜨릴 수 있다. 이는 스스로를 위로하기 위해서도 아니고 자신의 감정을 속이기 위해서도 아니다. 어디까지나 자신의 가치관에 따라 판단했기 때문에 분명히 자신의 행복으로 이어질 것이라는 합리적 근거를 토대로 내린 결론이다.

다시 말해, 행복의 기준 혹은 자신만의 중심이 필요하다. '내가 행복을 느끼는 대상은 이것이다, 나는 이러한 상태를 행복이라 부르겠다' 하는 자신만의 중심이 강할수록, 남들은 그저 다른 가치관을 지닌 사람들일 뿐이라 여길 수 있고 남들이 무엇을 하든 아무렇지 않게 웃어넘길 수 있다.

출세가 자신의 중심이라면 출세에 도움이 되지 않는 다른 사람들의 간섭은 중요도가 떨어지므로 신경 쓰지 않게 된다. 언제까지나 건강하게 사는 것이 자신의 중심이라면 남들이 아무리 비싼 음식을 먹어도 부러워할 필요 없이 그저 자신의 건강에 도움이 되는 음식만 챙겨 먹으면 된다.

### 자유를 중심에 두면
### 남의 언행에 신경 쓰지 않게 된다

자유는 성공을 위한 필수 조건이다. 여기서 자유는 경제적 자유, 시간적 자유, 정신적 자유, 인간관계의 자유, 장소의 자유 등을 의미한다. 자신의 삶에서 자유로움을 느낀다면 외모나 키가 남보다 뒤떨어지더라도 아무런 상관이 없다. 고급 외제차에 행여 흠집이라도 날세라 조심조심 몰고 다니는 것은 오히려 자동차로 인해 자유를 방해받는 꼴이다. 고급 시계나 명품 옷, 학력이나 지식도 자유와는 관계없다.

    자신의 행복을 중심에 명확히 둘수록 남들의 시선에 흔들리지 않게 된다. 물론 자유를 얻기 위해서는 돈이 필요하다. 돈에 자유로운 사람을 보면 부럽기 그지없다. 그런데 이 부러움이 꼭 부정적인 감정이라고는 할 수 없다. 그 사람이 성공한 이유를 헤아려보고 나도 그 사람처럼 노력해야겠다는 의욕이 솟는다면 이는 오히려 긍정적인 효과라 할 수 있다.

버리기
10

# 자존심을 버린다

| 못 버리면 | 성장할 기회를 놓치고 만다. |
|---|---|
| 버리면 | 지식과 인맥이 넓어지고 빠르게 성장할 수 있다. |

　자존심은 자신의 능력을 스스로 당당히 여기는 '자부심'과 남들에게 자신을 뽐내고 싶어 하는 '허세'로 구분할 수 있다. 자부심은 '나는 이 정도로 좌절하지 않아, 나는 아직 할 수 있어'와 같은 자기 신뢰감이다. 즉, 자신의 가능성을 믿는 것이다. 자부심은 행동을 일으키는 근거이자 지침이라고 할 수 있다.
　그런데 '나보다 어린 사람 밑에서 일하는 게 창피해, 먼저 사과하는 것은 자존심이 허락하지 않아' 하고 생각하는 사람도 있다. 이것이 바로 아무짝에도 쓸모없을뿐더러 인생을 망쳐놓기까지 하는 허세라는 감정이다. 허세 부리는 사람들은 남들에게 무시당하면 자존심에 상처를 입었다거나 자존심이 용서할 수 없다며 울컥한다. 하지만 그들의 자존심은 남들보다 우위에 서고 싶어 하는 쓸데없는 자존심일 뿐이다. 자신보다 나이가 적은 사람에게 곧바로 말을 놓거나, 식당에서 종업

원에게 불손한 태도를 보이거나, 자신의 의견이 반대에 부딪히면 버럭 화를 내는 사람도 허세꾼일 가능성이 크다.

그릇이 작다, 통이 작다는 평을 듣는 사람은 너무 허세를 부리다가 다른 사람들의 언행에 의해 자신의 감정이 지배당하는 사람이다. 허세를 버리면 자신보다 어린 사람에게도 머리를 숙여 가르침을 청할 수 있다. 하찮은 자존심을 지키기보다는 자신의 지식을 채우거나 인맥을 넓혀서 스스로 성장하려는 데 초점이 맞춰지기 때문이다.

자신을 낮추는 일은 돈 들이지 않고도 다른 사람에게서 원하는 바를 얻어낼 수 있는 가장 좋은 방법이다. 이러한 자세는 언뜻 겸허한 성격으로 비쳐지는데 체면보다 실속을 챙기려는 철저한 현실주의자의 특징이다. 그러나 허세를 버리지 못하는 사람은 자신이 하찮은 사람으로 여겨지는 것을 극도로 싫어해서 남들에게 머리를 숙이는 일이 결국 자신에게 이익이라는 사실을 깨닫지 못한다. 모처럼 찾아온 성장의 기회를 놓쳐버리는 셈이다.

## 허세를 버리기 위한 세 가지 작전

<u>스스로에게 자신감이 있으면 남들의 생각 없는 발언에 쉽게 동요되지 않는다.</u> 하지만 자신감이 없다면 허세를 버리기

매우 어렵다. 여기서는 허세를 버리기 위한 세 가지 방법을 소개하도록 한다.

① 체면보다 실속을 챙긴다.
② 능력을 과시하지 않는다.
③ 남들에게 굳이 이해받으려 하지 않는다.

①은 말 그대로 이득을 얻으려면 어떤 행동을 해야 하는지를 먼저 생각하는 것이다. 자신의 이득에 방해되는 감정을 억누르고 이성을 발휘해서 실속을 우선적으로 챙기려는 자세다. ②는 일부러 자신을 낮춤으로써 상대방을 방심시키려는 발상이다. 자신의 진정한 실력을 숨기면서 역전의 기회를 호시탐탐 노리는 것이다. 스스로 오기를 자극하는 방법이라고도 할 수 있다. ③은 마음속으로 남들에게서 신경을 꺼 버리는 방법이다. 남들의 존재는 나의 성공과 아무런 관계가 없으니 신경 쓰지 않겠다 내지는 나의 가치는 남들이 쉽게 알아차릴 수 없으니 굳이 남들에게 이해받을 필요가 없다는 발상이다.

인터넷에 칼럼을 쓰다 보면 온갖 욕설이 섞인 반응을 얻기도 한다. 하지만 나는 이러한 악플에 전혀 신경 쓰지 않는다. 모자란 사람과 말다툼을 벌이면 나도 똑같이 모자란 사람이 될 뿐이라고 생각하기 때문에 반론할 필요성을 느끼지 못한다. 갑론을박하며 논쟁을 벌이는 시간과 에너지도 아깝다. 낙심하거나 의욕이 꺾이는 일도 당연히 없다. 거만하게 보일 수도 있겠지만 이는 나에게 가장 효용 있는 행동을 찾아서 실천하는 방법일 뿐이다. 자존심에 상처를 입었다고 느꼈을 때 한번 시도해보자.

버리기
11

좋은 사람을
버린다

> **못 버리면** 늘 누군가의 뒤를 좇아가는 인생을 산다.
> **버리면** 보통 사람이 알아차리지 못하는 가치를 발견한다.

일반적으로 모두에게서 사랑받으면서 인간관계를 원만히 이끌어가는 사람이 좋은 사람으로 여겨진다. 그리고 누구나 좋은 사람이 되고 싶어 한다. 하지만 현실에서 좋은 사람은 성공하기 힘들다. 왜 좋은 사람이 성공을 손에 넣기 어려울까?

좋은 사람은 남들과의 마찰을 두려워하는 나머지 비상식적인 아이디어를 내놓거나 신념에 찬 자기주장을 하지 않기 때문이다. 이러한 사람은 주변의 반대에 부딪히면 쉽게 단념하고 만다. 새로운 의견이나 주장, 제안은 참신하고 혁신적일수록 주변의 반발이 거세진다. 주변의 반발을 물리치고 자신의 의지를 기어이 관철시킨다면 주변으로부터 시건방지다는 말을 듣기도 한다.

야나이 다다시(유니클로 브랜드의 모기업인 패스트 리테일링의 회장 - 역주)와 스티브 잡스도 회사 내에서는 자기 의견만 내세우며 주변에 분란을 일으켰다고 한다. 객관적으로 봤을 때

이들은 도저히 좋은 사람이라고 할 수 없다. 하지만 그렇기 때문에 성공을 거머쥐었다고도 볼 수 있다. 주변의 경영자들은 하나같이 입을 모아 이렇게 말한다.

"저는 좋은 사람과는 일을 같이 하지 않습니다. 왜냐하면 좋은 사람은 결단력이 없고 책임을 지려 하지 않기 때문입니다."

스스로 결단을 내리면 그에 따른 책임을 져야 마땅하다. 당연히 자신이 내린 결단으로 인해 주변의 반발을 살 수도 있다. 그런데 좋은 사람은 이러한 반발을 받아들일 각오가 없기 때문에 결단을 피하고 책임을 지려 하지 않는다. 아무와도 마찰을 일으키지 않는 좋은 사람은 대부분 방관자이거나 추종자일 뿐이다.

### 좋은 사람은 남들이 보기에만 좋은 사람이다

사람은 누구나 자신의 판단 기준에 비춰 생각하기 때문에 객관적인 기준에 의해 좋은 사람과 나쁜 사람이 구분되는 것은 아니다. 늘 짜증만 내는 상사에게 혼나면 화가 나겠지만, 존경하는 상사에게 혼나면 '내가 잘되기를 바라는 마음으로 혼내시는구나.' 하는 생각에 고마움을 느낄 수 있다. 이처럼 상대방에 따라 판단 기준은 달라진다.

자기 기준에 맞으면 좋은 사람이고 자기 기준에 맞지 않으면 나쁜 사람이 된다. 좋은 사람으로 여겨지고 싶은 사람은 남들 기준에 맞춰 살고 싶은 사람, 다시 말해 주체성이 없는 사람이다. 자신의 주장보다 남들의 주장을 우선시하면 쉽게 지쳐버리고 만다. 자신의 삶보다 타인의 삶을 우선시하면 늘 남의 뒤만 졸졸 좇아가는 인생을 살게 될 것이다.

### 찬반양론을 일으키는 사람이 시대를 바꾼다

나는 좋은 사람으로 살기보다는 괴짜로 사는 게 바람직한 삶이라고 생각한다. 여기서 말하는 괴짜란 시대와 사상에 대해 특수한 센서를 지닌 사람, 같은 것을 보더라도 남들과 다른 발상을 해내는 사람이다. 그리고 결과적으로 찬반양론을 일으키는 사람이다.

좋아하는 연예인 순위에서 상위에 오르는 사람은 싫어하는 연예인 순위에서도 상위에 오르는 경우가 많다. 온라인 쇼핑 사이트에서도 잘 팔리는 상품에는 찬성과 반대를 아우르는 다양한 상품평이 쏟아진다. 사람의 마음을 사로잡는 인물이나 사물에 대해서는 긍정적인 의견과 부정적인 의견이 뒤섞이게 마련이다. 바꿔 말하면 찬반양론을 일으키는 사람은 남의 마음을 흔드는 가치를 발견할 수 있다.

부정적인 평가를 받았다 하더라도 그것은 일부에게만 해당되는 이야기이기 때문에 두려워할 필요가 없고 오히려 기뻐해야 한다. 모두에게 사랑받는 사람은 오히려 아무에게도 기억되지 못할 가능성이 있다. 좋은 사람은 눈에 띄지 않기 때문이다.

## 남들과 다른 가치관을 기른다

사회생활을 잘하기 위해서는 남들과 다른 가치관을 지녀야 한다. 이를 위해 당연하다고 생각되는 것에 의문을 품는 자세가 필요하다. 모두가 옳다고 말하더라도 반대 의견을 소신 있게 피력할 수 있어야 한다. 다들 틀렸다고 말하더라도 혹시 올바른 면이 있지는 않은지 생각해봐야 한다. 괜히 트집을 잡는 것처럼 보일지라도 실제로 해가 되는 일은 없으므로 생각하는 훈련을 하는 셈 치고 시도해보기 바란다.

치열한 입시 경쟁을 뚫고 대학교에 진학했는데도 대학교 졸업 후 취업하지 못하는 현실을 예로 들어보자. 대학교에 진학해서 취업하는 것이 좋다는 세간의 고정 관념을 깨고 중학교를 졸업한 뒤 바로 창업하는 삶도 좋아 보이지 않는가. 이러한 식으로 당연하다고 생각하던 것을 반대로 바라보는 자세를 가져보자. 이 사고의 과정에서 보통 사람이 알아차리지 못하는 논리, 관점, 가치, 혁신의 계기가 탄생한다.

## 무례한 사람의 입을 다물게 만든다

좋은 사람의 또 다른 결점은 싸움을 못한다는 것이다. 여기서 말하는 싸움이란 폭력을 휘두르는 싸움이 아니라 논쟁이나 소송 같은 '점잖은 싸움'을 말한다. 좋은 사람은 무례한 말을 들어도 반박하지 못하고 속으로만 괴로움을 키워나간다. 그리고 그 불쾌한 기억을 떠올릴 때마다 분노와 후회라는 커다란 스트레스를 느끼게 된다.

어떤 집단이든 속을 뒤집어놓는 무례한 사람이 존재한다. 이 사람들과의 관계를 유지하기 위해 스스로를 희생할 필요는 없다. 그들이 당신의 성공에 공헌할 가능성은 없기 때문이다. 마음을 괴롭히는 사람들과 거리를 두는 것을 두려워하지 말며, 또한 자신이 그들에게 어떻게 느껴질지도 생각하지 말자. 그들의 무례한 언동에서 멀어지는 편이 보다 쾌적한 삶을 위해서는 훨씬 낫다.

무례한 발언에 대해 반격하는 방법을 준비해두는 것도 좋다. 갑자기 하려면 잘 안 되므로 미리 연습해보자.

상사 : 넌 대체 뭐 하는 녀석이야! 정말이지 쓸모가 없네.

마음 여린 사람이라면 이러한 폭언을 듣고 태연할 수 없을 것이다. 하지만 무례한 상사의 말 하나하나에 마음의 상처를 받아서는 회사 생활을 제대로 해나가기 어려우므로 다음과 같이 반론해보는 것은 어떨까?

나 : 결과에 대해서는 저에게 책임이 있습니다. 하지만 그런 말투는 삼가주셨으면 좋겠습니다.

상사 : 네가 제대로 못하니까 그렇지!

나 : 업무와 말투는 별개의 문제입니다. 제가 일을 잘 못한다고 해서 무례한 말까지 들어야 한다고는 생각하지 않습니다.

상사 : 네가 제대로 하면 그렇게 말하지도 않아!

나 : 회사 내에서는 상사와 부하 직원의 관계이지만 사회인으로서는 대등하다고 생각합니다. 저는 말투를 고쳐달라고 말씀드리는 것뿐입니다.

어떤가? 전혀 현실성이 없는 대화라고 생각하는 사람이 많을 것이다. 하지만 자신을 불쾌하게 만드는 인물은 분명히 주변의 다른 사람들도 불쾌하게 만드는 법이다. 무례한 사람의 버릇을 고쳐주는 것도 사회에 공헌하는 하나의 방법이 아닐까?

버리기

12

# 인맥 관리를
# 버린다

> **못 버리면** 결국 인맥이 생기지 않는다.
> **버리면** 필요한 인맥이 자연스럽게 생긴다.

    인맥이 중요하다는 것은 두말할 필요도 없다. 일거리나 사업의 기회는 대부분 다른 사람들이 가져다주는 것이기 때문이다. 또한 어려울 때 도와주는 사람이 곁에 있는 것은 고마운 일이다. 이 때문인지 인맥 만들기와 관련된 책이 넘쳐나고, 서로 다른 업종에 종사하는 기업인끼리 활발하게 교류한다.

    하지만 인맥을 만들기 위해 일부러 시간과 돈을 쏠 필요는 없다. 내가 창업한 지 얼마 안 됐을 때 단지 유명한 사람이라는 이유로 혹은 회사 규모가 크다는 이유로 상대방과 무리하게 인간관계를 맺으려 시도했던 적도 있다. 하지만 이러한 사람과는 이야기가 잘 진행되지 않았고 서로에게서 메리트를 찾아내지 못하니 급속히 멀어졌다. 그 후 필사적으로 부동산 사업에 뛰어들어 매출이 오르고 경영이 본궤도에 진입하자 부동산 관련 기업으로부터 거래를 하고 싶다는 문의가 늘어나기 시작했다. 해외 투자 정보를 발송하니 지인이나 거래처로부터 해외 투자 전문가를 소개받기도 했고, 책과 관련된 사업을 시작하니 출판 관계자와의 교류가 늘어났다.

이와 같은 경험을 하면서 눈앞에 놓인 일에 필사적으로 몰두하면 필요한 사람이나 정보가 저절로 다가온다고 확신하게 되었다. 그러나 소홀히 했던 사업 분야에서는 아무런 사람도 소개받을 수 없었고, 그 어떤 사업 제안도 들어오지 않았다. 이는 나 자신이 그 분야에서 이렇다 할 실적이 없었기 때문이라고 생각한다.

사업을 하면서 1년에 10억 원 이상을 버는 지인도 인맥 만들기는 의미가 없다고 말한다. 그도 처음에는 사업 환경이 좋지 않았다. 업무에 매진하며 실적을 올리면서 업계 내에서 두드러지게 되었고, 주변에서 그의 잠재력을 높이 평가해 협력을 원하는 사람이 많아지게 되었을 뿐이다. 다시 말해, 그가 지닌 노하우, 거래처, 고객 리스트에 매력을 느끼고 다가오는 사람이 늘어난 것이다. 물론 이익을 위해 다가오는 사람을 과연 '인맥'이라 할 수 있느냐 하는 의견도 존재한다. 그렇지만 아무런 대가도 바라지 않고 남에게 기회를 소개해주는 사람은 없다. 상대방도 무엇인가 이득이 있기 때문에 시간과 노력을 들여 당신을 도와주는 것이다. 이를 인맥이 아니라고 할 이유는 딱히 없다.

인맥이 생기지 않는 것은 인맥을 만들려 하지 않기 때문이 아니다. 남들이 매력을 느낄만한 실적을 당신이 아직 보여주지 못했기 때문이다. 즉, 주변에서는 당신과 알고 지내봤자 실질적인 이득이 없다고 느끼는 것이다.

## 상대방에게 줄 생각부터 한다

인맥을 원한다면 먼저 실적을 내야 한다. 실적이 없는 단계에서는 힘들다고 해서 당장 남에게 도움을 요청하지 말고, 힘들 때일수록 스스로 문제를 해결하는 데 적극적으로 나서고 업무에 더욱 매진해야 한다. 개인적으로 힘들거나 사업이 잘되지 않을 때에도 주변에 꾸준히 일을 발주하고 일단 수주한 일은 필사적으로 해내야 한다. 또한 직장 내에서 남의 업무를 성심껏 도와주고 그 공적은 상사나 부하 직원에게 양보하는 자세를 취한다.

상대방이 당신과 인간관계를 맺는다는 것은 상대방의 시간을 당신에게 투자한다는 의미다. 이득이 없는 사람과 노닥거릴 만큼 한가한 사람은 이 세상에 많지 않다. 상대방이 고급 인재라면 더욱 그러하다. 사람과 사귀는 데도 우선순위가 있는 법이다.

진지하게 업무에 임하지 않으면 업계 내의 상세한 정보를 알지 못한다. 남들을 납득시킬만한 노하우도 얻지 못한다. 이렇게 부족한 상태에 있는 사람과 사귀는 것은 시간 낭비다.

상대방이 아무리 인격적으로 성숙한 사람이라도 자신에게 이득이 없으면 일부러 만나서 시간을 함께 보내지 않는다. 진지하게 업무에 임하지 않는 사람, 성과를 내지 못하는 사람은 수많은 사람을 만나봤자 인맥을 만들 수 없다.

## 인맥 관리를 그만두고 성과에 초점을 맞춘다

인맥을 만들고 싶다면 일단 인맥 만들기를 그만두고 눈앞에 놓인 업무에 집중해서 성과를 내야 한다. 직장인이라면 회사 외부의 인맥이 아니라 회사 내 인맥을 더 중시해야 한다. 영업부와 상품개발부, 설계부와 제조부, 본사와 현장 사이의 관계가 나쁘면 업무를 잘해낼 수 없다. 그러나 신뢰 관계가 있다면 다소 터무니없는 안건이라도 "어쩔 수 없지. 자네 부탁이니까 이번만큼은 해줄게." 하고 원활하게 넘어갈 수 있다. 직속 상사의 격려 없이는 기획이나 요구가 통과되기 어렵고 성과도 낼 수 없을 것이다. 하지만 상사와 신뢰 관계를 쌓는다면 업무를 전적으로 맡아 할 수 있어 업무의 자유도가 높아진다.

직장 동료들과 신뢰 관계를 쌓으면 업무를 원활하게 해낼 수 있고 좋은 성과로 이어진다. 실적을 꾸준히 높이면 굳이 자랑하지 않아도 회사 외부에까지 이름이 조금씩 알려지게 된다. 동종 업자 사이에서 "그 회사의 ○○라는 사람은 굉장히 일을 잘하더라."라는 입소문이 난다. 이 명성이 다른 업계에까지 퍼지면 언론에 알려질 수도 있다. 이와 같은 식으로 연락해오는 사람이 많아지면 자연스럽게 인맥이 형성된다.

한마디로 이야기하자면, 인맥 만들기는 눈앞에 놓인 매우 중요한 업무를 소홀히 해서는 불가능하다.

**버리기 13**

---

# 기브 앤 테이크를
# 버린다

| | |
|---|---|
| 못 버리면 | 쓸데없는 실망과 분노를 품는다. |
| 버리면 | 인간관계의 스트레스가 줄어든다. |

인간관계에서 분노나 불쾌함을 일으키는 커다란 요인 가운데 하나는 대가를 기대하는 마음이다. '그 사람한테 이만큼이나 은혜를 베풀었다' 하는 생각이 강할수록 그에 상응하는 대가를 얻지 못했을 때의 실망도 큰 법이다.

### 상대방을 자기 생각대로
### 움직이려 하기 때문에 초조해진다

'내가 상대방에게 인사했으니까 상대방도 나에게 인사해주겠지.' 하고 기대하기 때문에 인사를 못 받으면 화가 난다. '여러 가지로 상대방을 도와줬으니까 언젠가 나에게 보답을 해주겠지.' 하고 기대하기 때문에 보답을 못 받으면 예의도 모르는 사람이라며 분노를 터뜨린다. 그렇지만 상대방은 어차피 남이다. 내 생각대로 행동해줄 리 만무하다.

아이를 대하는 부모의 마음도 마찬가지다. 부모는 자신이 바라는 모습대로 아이를 키우기 위해 여러 가지 필요한 물건을 사주거나, 교육 기회를 마련해주거나, 아이를 데리고 놀러가서 수많은 경험을 시켜준다. 부모의 가치관에 맞는 아이로 자라도록 미리미리 조언도 해둔다. 그렇기 때문에 어느 날부터인지 아이가 비뚤어져서 부모의 기대와 정반대로 나가기 시작하면 부모는 초조함을 감출 수 없게 된다. 믿기 힘들겠지만 아이도 역시 남이다. 아이에게는 아이만의 인격이 있고, 적성이 있고, 생각이 있으며, 삶이 있다. 부모가 바라는 대로 자라지 않는 것이 당연하다.

## 자신을 위해 한다면 모든 일이 잘 풀린다

남에게 무엇인가를 해줄 때는 대가를 기대하지 말고 '나'를 위해 하면 된다. 무엇인가를 베풀어준다는 의식을 버리고 '내가 즐겁기 때문에, 내가 기쁘기 때문에, 나에게 이익이 되기 때문에'라는 이유로 행동하자. 인사를 건네는 것은 상대방을 위해서가 아니라 자신의 기운을 스스로 북돋우기 위해서다. 부하 직원을 가르치는 것은 부하 직원을 위해서가 아니라 자신이 편해지기 위해서다. 자원봉사를 하는 이유는 약자를 위해서가 아니라 자신의 봉사 욕구를 만족시키기 위해서다. 아이를 정성껏 키우는 이유는 늙었을 때 부양을 받기 위해서가 아니라 그냥 단순히 즐겁기 때문이다. 조금이라도 나에게 이득이 되지 않는다는 생각이 들면 하지 마라. 즐겁지 않다면 봉사도 하지 말고, 정성껏 아이를 키우지도 말고, 돈도 벌지 마라. 이렇게까지 말하면 '성격 참 극단적이네.' 하는 반응이 돌아올지도 모르겠다. 그러나 대가에 대한 기대를 버린다면 자신이 하는 모든 일에서 진정한 보람을 느낄 수 있다. 상대방의 반응에 일희일비할 필요 없이 평온한 감정을 유지할 수 있는 것이다.

2014년 일본에서는 고향 납세(지방의 발전을 위해 각자의 고향이나 자신이 원하는 지역에 세금을 내는 제도 - 역주)가 유행했다. 고향에 세금을 내는 것도 고향을 위해서가 아니라 자기 자신을 위해서다. 고향에 세금을 내면 쌀이나 채소 같은 특산품을 선물로 받을 수 있을 뿐 아니라, 주민세의 일정 금액을 돌려받으며 지자체로부터 감사 인사까지 받는다. 자원봉사 역시 도덕심을 발휘한다는 차원으로 볼 수 있지만 자신을 돋보이게 하는 도구로도 활용할 수 있다. 자원봉사 활동을 하는 모습을 사진으로 찍어서 SNS나 블로그에 올리면 사회 공헌에 적극적인 사람이라는 인상을 줄 수 있다. 이렇게 생각하면 자신에게 이득이 있기 때문에 남을 도와주는 일이 즐거워진다. 때로는 주변에서 감사 인사까지 받기 때문에 달리 보상이 없더라도 마음이 편해진다.

3

# 물건과 돈

**버리기 14**

# 자기계발서를 버린다

> **못 버리면**   자기계발서 관계자의 호구가 된다.
> **버리면**     정말 필요한 실무서를 만난다.

 

 

자기에 대한 투자로 독서를 하다 보면 이른바 자기계발서라 불리는 책을 접하게 된다. 자기계발서에는 다음과 같은 이점이 있다.

- 자신의 믿음이나 고정 관념을 깨뜨릴 수 있다.
- 새로운 착상이나 시점을 얻을 수 있다.
- 기운이 솟아나고 의욕을 불태울 수 있다.

나도 창업하기 전까지 무수한 자기계발서를 읽었다. 자기계발서가 동기 부여의 원동력처럼 느껴져 마구 읽어댔다. 그러나 독립해서 회사를 경영하며 내가 좋아하는 일을 하게 된 지금은 집필이나 강연을 하기 위해 조사가 필요할 때를 제외하고는 자기계발서를 전혀 읽지 않게 되었다. 꼭 하고 싶은 일이 있는데 어떻게 하면 좋을지 모르는 시기에는 자기계발서를 읽고 용기를 얻는 것도 나쁘지 않다. 행동의 원동력을 얻을 수 있다면 활용하지 않을 이유가 없지 않은가.

## 자신이 달라지는 이유는 행동으로 옮겼기 때문이다

자기계발서는 무엇을 어떻게 해야 할지까지는 가르쳐주지 않는다. 예를 들어, 인터넷 사업을 하고 싶다면 그와 관련된 실무서를 읽어야 한다. 커뮤니케이션 능력을 높이고 싶다면 역시 그와 관련된 전문 서적을 읽어야 한다. 그 사이에 자기계발서가 끼어들 여지는 적다. 다시 말해, 하고 싶은 일, 해야 하는 일이 고정된 사람은 자기계발서를 읽을 이유가 없다는 뜻이다.

달라져야 한다고 말하는 자기계발서는 수없이 많지만 정말로 자신이 달라지는 때는 자기계발서를 덮고 실제 행동으로 옮겼을 때다. 서점에서 자기계발서가 유독 눈에 들어온다는 것은 아직 자신이 나아갈 방향이나 가치관을 정립하지 못했다는 증거다. 따라서 구체적인 기술이나 능력을 높이기 위한 실무서에 관심을 쏟을 수 있도록 자신이 어느 분야에 매진해야 하는지부터 먼저 고민해봐야 한다.

이 책 역시 자기계발서이기 때문에 요구 사항이 서로 다른 모든 독자를 만족시킬 수 없다. 또한 이 책을 읽는 것만으로는 아무런 의미가 없으며, 실제로 나쁜 습관 버리기라는 행위를 해야만 비로소 이 책을 구입하는 데 들인 돈과 시간을 회수할 수 있다.

## 자기계발서에는 번지르르한 말이 섞여 있다

자기계발서 중에는 불량품이 많다는 점도 주의해야 한다. 나는 각종 행사에서 다른 자기계발서 저자와 만날 기회가 종종 있다. 이 중에서 이른바 성공 철학에 관한 책을 쓰는 사람이 있었는데 언뜻 봐도 돈 냄새가 진동했다. 후에 그 사람의 책을 읽어봤는데 추상적인 표현이나 교훈적인 이야기로만 가득하고 구체적인 경험담이 거의 쓰여 있지 않았다. 저자 자신이 체험한 것이라면 상세한 묘사와 함께 생생함이 전달되어서 박진감이 넘쳤을 것이다. 이러한 점이 없다는 것은 다른 성공 철학 서적의 내용을 보기 좋게 짜깁기했을 가능성이 크다는 뜻이다. 겉으로만 번지르르한 책을 고르지 않기 위해서는 저자의 경력을 살펴보고 자기 분야에서 실적이 있는 사람인지 확인해야 한다. 책은 영리를 추구하는 상품이다. 폭넓은 독자층의 인기를 끌기 위해 또는 악플이나 비난을 피하기 위해 미사여구가 마구 섞이는 경우가 많다. 따라서 어떤 책의 내용이든 걸러 읽을 필요가 있다.

실제로 자기계발서를 자주 쓰는 성공한 경영인들 가운데는 거래처와 금전적인 갈등으로 인해 소송을 당하는 사람도 있다. 태도나 성품이 자기중심적이라고 비판받는 사람도 있다. 겉으로는 온화한 인상을 지닌 사장님이지만 실제로는 직원들을 혹독하게 부리는 경우도 있다.

실제 비즈니스에서는 상대방의 약점을 이용하거나 상대방의 말꼬리를 잡고 늘어지는 냉정한 태도가 필요하다. 자신이 유리해지도록 혹은 불리해지지 않도록 상대방을 다그치고 힘으로 찍어내려야 하는 경우도 있다. 직원에게도 엄격히 대하고 해고도 서슴지 말아야 한다. 그러니 취직 정보 사이트에는 회사에 대한 험담이 쌓인다. 무리한 요구를 하는 고객과는 관계를 딱 끊고 상대해주지 않는 회사도 있는데, 이 경우에도 각종 인터넷 게시판에는 악평이 줄을 잇는다.

나도 회사를 경영하는 입장이라 잘 알지만, 사업이 확대되면 좋든 나쁘든 마주치는 사람이 늘어나서 갈등이 발생한다. 성공하는 사람은 이와 같은 과정에서 필연적으로 안티가 생긴다.

## 영악한 사람들의 호구가 되지 마라

경영인이 쓰는 자기계발서에는 나쁜 이야기는 존재하지

않는다. 그들의 번지르르한 말을 의심 없이 받아들이면 영악한 사람에게 보기 좋게 당하는 호구가 되기 십상이다. 사람은 누구나 과거를 미화해서 떠올리는 경향이 있는데 자기계발서의 저자도 마찬가지다. 따라서 자기계발서는 미사여구나 이상론으로 흘러가기 마련이다.

중요한 것은 저자가 현재 하는 일보다는 성공하기 위한 과정에서 하던 일을 배우는 것이다. 행간을 읽는 상상력이 부족한 사람이나 자신의 가치관에만 매달리는 사람은 세세한 부분에까지 생각이 미치지 못한다. 결국 저자와 출판사가 판매하는 상품을 구입하거나 그들이 주최하는 세미나에 머릿수를 채워주는 호구가 되어 돈을 길바닥에 버리는 꼴이 된다.

### 남의 생각을 뒤좇기만 하면 자기 생각이 멈춘다

세상에는 겉으로는 박학다식해 보이지만 실제로는 어리석은 사람이 수두룩하다. 자기계발서를 읽는 사람 가운데도 이러한 사람이 많다.

- 노하우를 얻고 싶어 책을 샀는데 구체적인 방법이 쓰여 있지 않아서 불만스러운 사람
- 책에서 새로운 정보나 새로운 지식을 찾아내지 못하

는 사람
- 공감하기 어려워 손해 봤다고 느껴지는 책을 많이 구입하는 사람
- 책은 많이 읽는데 연봉이나 저축액은 그다지 늘지 않는 사람

이러한 사람은 책을 읽을수록 머리가 점점 나빠진다. 쇼펜하우어의 '독서와 책에 대하여'에는 '독서는 저자의 사고를 뒤좇기만 할 뿐이다'라고 적혀 있다. 독서는 글씨만 눈으로 읽어내려갈 뿐 자신의 머리로 생각하는 행위가 아니라는 의미다.

여행을 예로 들어 생각해보자. 패키지 여행 상품을 이용하는 경우, 이탈리아에 가면 가이드북에 실려 있는 트레비 분수를 보고 '여기가 트레비 분수로구나.' 하고 확인한 후 기념 촬영을 하고 돌아온다. 이는 다른 사람이 먼저 떠났던 이탈리아 여행길을 뒤좇아갔을 뿐이다. 가기 전에 상상했던 이탈리아와 실제로 가서 본 이탈리아가 완전히 똑같다는 사실을 확인하는 여행에 지나지 않는 것이다.

책도 똑같다. 아무 생각 없이 읽다 보면 그저 남의 생각을 확인하는 독서가 되기 쉽다. 안타깝게도, 자신이 알고 있는 지식을 다시 확인하는 독서, 자신의 생각과 똑같은 주장을 발견하고 안심하는 독서, 자신이 생각하는 바를 저자가 대신 말

해준다는 만족감을 얻으려는 독서를 하게 해주는 책이 좋은 책으로 여겨지고 잘 팔리는 경향이 있다. 물론 이와 같은 책을 읽으면 마음이 후련해지기야 하겠지만, 이러한 독서로 무엇인가를 배우는 데에는 한계가 있다.

## 생각을 재구축하는 독서

자기계발서를 읽을 때는 어떤 자세가 필요할까? 단적으로 말하면, 책에서 얻은 정보를 내면화하고 조금씩 수정하면서 반복적으로 실천함으로써 재현성 있는 노하우로 몸에 익히려는 자세가 필요하다.

우리는 똑같은 상황에 처해도 감정에 따라 생각이 달라지고, 생각에 따라 판단과 행동이 달라진다. 그리고 이러한 판단과 행동이 쌓이고 쌓여 인생이 이루어진다. 따라서 어떤 상황에 직면했을 때의 감정이나 생각을 바꾸려는 독서를 하지 않으면 수백, 수천 권을 읽더라도 행동이나 결과가 달라지지 않는다. 책값으로 수백만 원, 책 읽는 데 수백 시간을 들이더라도 결과는 마찬가지다. 다시 말해, 자기계발서에서 얻어야 하는 것은 저자와 같은 입장에 처했을 때 나라면 어땠을까 하고 상상하는 능력, 지금 나에게 부족한 바람직한 사고 습관을 기르는 능력이다. 물론 치밀어오르는 감정을 억누르기는 힘들다. 그렇기 때문에 생각이 감정에 좌우되지 않도록 생각을 의식적으로 바꿀 필요가 있다.

　책에 쓰인 내용에 공감할 수 있느냐 없느냐 같은 표면적이고 감정적인 평론에 그쳐서는 안 된다. 정보를 자신의 뇌에 집어넣어 기존의 고정 관념이나 선입관 혹은 정해진 틀을 깨뜨리고 재구축해서 부가 가치가 더욱 높아지는 사고 체계를 만들어야 한다. 즉, 사고를 재구축하려는 것이 바람직한 독서 태도다. 자기계발 분야의 베스트셀러인《꿈을 이루어주는 코끼리》에는 다음과 같은 내용이 있다.

　"지금까지 자기 나름대로 잘 생각해서 살아왔겠지만 결국 결과가 좋지 않으니 이 상황에 빠진 거 아냐? (…) 성공하지 못하는 가장 중요한 요소는 말이지 남의 말을 듣지 않는 거거든. 당연한 거 아냐? 성공하기 위해 달라지고 싶어 하면서도 지금까지 전혀 달라지지 않았다는 건 자신의 생각에만 매몰되어 있다는 뜻이잖아."

# 물욕을 버린다

> **못 버리면**   전혀 돈이 모이지 않는다.
> **버리면**      정신을 차려보니 돈이 쌓여 있다.

    원하는 물건이니까 구입한다는 것은 자연스러운 소비 행위처럼 보이지만 이러한 발상으로는 돈이 줄어들기만 할 뿐이다. 이와 같은 사람은 어디에 사용했는지는 잘 모르지만 웬일인지 월급날 전에 돈이 똑 떨어져버리는 스타일이다.

    우리는 어떠한 효용을 얻기 위해 돈을 쓴다. 돈을 가지고 있으면 마음이 든든하기는 하겠지만 생활이 특별히 달라지지는 않는다. 어떻게 돈을 쓰느냐에 따라 자신의 환경이 달라지고, 경험이 달라지고, 삶이 달라진다.

    그러므로 물건을 사고 싶다는 기분을 어떻게 통제하고 어느 곳에 돈을 나눠 쓰느냐에 따라 인생이 크게 달라진다고 하겠다. 여기서는 물건을 사고 싶다는 감정을 제어하는 방법 두 가지를 소개한다.

### 물욕 컨트롤 하나. 자기 변혁을 위해 돈을 사용한다

우선 돈을 쓰기 전에 잠깐 멈춰 서서 '이 물건을 사면 나에게 어떤 이득이 있을까?, 이 지출은 나에게 어떤 가치를 가져다줄까?'를 고민한다. 예를 들어, 새로운 스마트폰을 갖고 싶을 때 신제품이라 멋있으니까, 사용하기 편리할 것 같아서라는 이유만으로 구입하면 잠깐 신나기야 하겠지만 생활이 특별히 달라지지는 않는다. 그렇지만 스마트폰으로 이득을 내는 방법을 고민한다면 이야기는 달라진다. 스마트폰의 사용법이나 설명서를 전자책으로 만들어 팔아서 수입을 올린다면 스마트폰 구입은 훌륭한 투자라 할 수 있다.

옷이 사고 싶은 경우 다음 주에 데이트할 때 입고 가기 위해라는 구체적인 목적이 있다면 상대방과 사귀거나 결혼으로 이어질 수도 있으므로 그 데이트는 당신의 인생을 바꾸는 커다란 이벤트다. 이는 새 옷을 사서 얻게 되는 막대한 이득이라 할 수 있다. 그러나 맨날 같은 옷만 입는 게 싫다, 지금 갖고 있는 옷은 질렸다는 이유로 옷을 산다면 이는 단순한 자기만족에 지나지 않는다. 일상생활에는 아무런 변화도 일어나지 않기 때문이다.

이와 같은 점을 꼼꼼히 고려하면 구입해야 할 물건 목록이 확연하게 줄어든다. 물론 자기만족을 위해 새로운 기종의 스마트폰이나 새 옷을 사는 게 나쁘지는 않다. 그렇게 사는 인생도 존중받을만하다. 그러나 나만 만족하면 된다는 발상으로는 물욕이 한없이 늘어나기만 할 뿐 돈이 절대 모이지 않는다.

## 물욕 컨트롤 둘. 돈을 사용하는 중심을 확립한다

더 근본적인 판단 기준을 지니면 낭비를 완전히 줄일 수 있다. 자신이 원하는 상태에 가까워지기 위해 혹은 행복해지기 위해 돈을 어디에 쓰는 것이 가장 효율적인지를 정하는 것이다.

나는 비즈니스와 자산 운용에 돈을 투자함으로써 더욱 성공에 가까워지려 하고, 경험과 건강에 돈을 사용함으로써 더욱 행복해지려 한다. 이를 위해 부동산을 사는 데에 망설임 없이 돈을 쓰고, 한 번에 200만 원 정도 드는 해외 시찰 여행을 자주 간다. 웹 사이트를 갱신하기 위해 매달 전문가에게 돈을 지불하며 책을 사는 데도 한 달에 50만 원 이상 쓴다. 지인이나 거래처와의 관계를 돈독히 유지하기 위해 식당에서 음식을 대접하는 경우도 자주 있다. 건강을 위해 비싸지만 안전한 유기농 채소를 구입한다.

반면, 일상복을 사는 데는 거의 돈을 쓰지 않는다. 매년 한

번쯤 해져서 못 입는 옷을 버리고 할인 매장에서 값싼 옷을 구입하는 정도다. 부인은 촌스럽다고 말하지만 일상복을 잘 차려입는다고 해서 득이 될 게 없다고 판단하기 때문에 개인적으로 문제가 되지 않는다. 단, 양복은 주문 제작한 값비싼 것으로 구입한다. 강연이나 행사에서 사람들 앞에 나설 기회가 많은데, 이러한 자리에서의 옷차림은 청결함과 신뢰감으로 이어지기 때문이다.

물건을 사고 싶다는 충동이 생겼을 때는 자기 나름대로의 합리적인 평가 기준을 작동시켜 스스로 완전히 납득할 수 있을 때만 지갑을 열어야 한다. 그러면 물건을 사고 싶다는 감정을 버릴 수 있고 저절로 돈이 모이게 된다. 모든 지출이 계획적으로 이루어지면 궁극적으로 삶이 만족스러워진다.

버리기
16

절약과 저축에 대한
강박을 버린다

> **못 버리면** 인생이 축소 균형을 이루게 된다.
> **버리면** 깊고 풍요로운 인생을 살 수 있다.

 

 돈을 그저 모으기만 해서는 마음이 든든해지는 효과가 있다는 것 말고는 아무런 의미가 없다. 자동차를 타고 다니지 않으면 기름 값을 절약할 수 있다는 사실은 당연한 말이지만, 타지도 않고 세워두기만 하는 자동차는 대체 어떤 존재 의미를 지닐까? 몇 십만 원 하는 비싼 코트를 입기 아까우니까, 더러워질까 봐 거의 입지 않는다면 그 코트는 없는 것이나 마찬가지다.

 이는 돈에 관해 이야기할 때도 그대로 적용된다. 일본에서는 소비세가 8%로 인상된 것을 계기로 씀씀이를 줄이려는 분위기가 널리 퍼지고 있다. 물론 만약을 대비한 저금은 필요하다. 저금은 마음을 든든하게 하고 경제적 불안을 줄여주는 효과가 있다. 그 때문에 세상에는 절약, 저축에 관한 정보가 넘쳐난다. 하지만 돈은 저금하기 위한 것이라는 발상은 돈에 집착하는 사람 특유의 생각이다. 돈을 놓치고 싶지 않기 때문에 사용하지 않고 수중에 보관하려는 것이다.

일본의 천억 원대 자산가가 리먼 브라더스 사태로 990억 원을 잃어버리고 자살했다는 이야기를 들은 적이 있다. 수중에 아직 10억이나 남아 있는데도 잃어버린 돈의 막대함에만 절망하는 이유는 돈에 집착하기 때문이다.

저축을 중시하는 사고의 문제점은 자신에게 먼저 투자하려는 발상이 사라진다는 데 있다. 즐기거나 성장하는 것보다 저축 자체가 목적이 되어버리는 셈이다. 이러한 사람은 스스로에 대한 상이랍시고 아무짝에도 쓸모없는 물건을 충동구매하거나 언뜻 믿기 힘든 투자 사기극에 속아 넘어가는 경향이 있다. 돈을 사용해서 인생을 풍요롭게 만들어본 경험이 적기 때문에 충동을 자극하는 상품이나 서비스에 눈이 돌아가는 것이다. 돈을 부지런히 모으기만 하다 보면 돈을 불리는 일에 어두워져 합리적인 투자와 사기를 구분하지 못하게 되니 주의해야 한다.

## 3억을 남기고 죽는 일본인

일본인은 평균 약 3억 원의 저축액을 남기고 죽는다고 한다. 이는 무엇을 의미할까? 3억을 저축하는 대신 그 돈을 사용해서 얻을 수 있었던 다양한 경험을 포기하고 저세상으로

떠난다는 뜻이다. 재산을 자손에게 상속하는 것이 인생의 목표라면 모를까 그렇지 않고서야 이토록 많은 재산을 남기고 죽는다는 것은 그야말로 아까운 일이 아닐 수 없다. 인생을 즐기는 데는 과연 얼마가 드는지 다음과 같은 예와 함께 생각해보자. 아래 내용은 내가 앞으로 행복한 인생을 살기 위해 세워놓은 계획이다.

카페 개업 비용(10평 정도) : 약 8,000만 원
국내 일주 여행 비용 : 약 500만 원
세계 일주 여행 비용 : 약 3,000만 원
미국 대학교 유학 비용 : 연간 약 3,000만 원
서적 자비 출판 비용 : 약 1,000만 원
파티 주최 : 약 500만 원(50명)
홈페이지 제작 비용 : 약 300만 원(20페이지)
주식회사 설립 비용 : 약 250만 원
⇒ 합계 : 약 1억6,550만 원

이것만으로도 겨우 1억6,550만 원밖에 들지 않는다. 3억의 저축액으로 위의 일을 모조리 한다 해도 절반 이상의 금액이 남는다. 이처럼 3억이면 국내 일주 여행은 물론이고 세계 일주 여행마저 할 수 있는 금액이다. 이만한 금액을 남기고 죽는다는 것은 인생 즐기기를 뒤로 미루다 어느 날 갑자기 인생이 끝나버린다는 의미와 같다. 사람은 죽음을 앞둔 인생의 막바지가 되면 했던 일에 관해서가 아니라 하지 않았던 일에 관해서 후회한다고 한다.

돈은 그저 도구에 불과하다. 저금이 취미인 사람을 제외하고 일반적으로는 모은 돈으로 무언가를 하겠다는 목적이 있어야 비로소 저금이 합리적인 행동이 된다. 지금 모아둔 저축액이 자신이나 가족의 인생을 정말로 풍요롭게 하는지 돌아볼 때다.

**버리기 17**

# 사진과 수첩을
# 버린다

> **못 버리면** 쓰레기를 보관하는 데 집세를 내게 된다.
> **버리면** 과거의 사건이 긍정적인 힘으로 바뀐다.

 

나는 추억을 거의 버리는 편이다. 일례로, 어린 시절 사진은 대부분 버렸다. 추억을 만들어주려고 열심히 사진을 찍어준 부모님에게는 죄송하지만, 기억에 남아 있지 않은 사진을 백번 들여다본들 아무런 느낌이 솟아나지 않는다. 어린 시절 사진은 결혼식장에서 보여주기 위한 자기소개 영상을 만들 때나 잠깐 도움이 된다. 여행 가서도 사진을 찍는 경우는 드물고, SNS에 싣기 위해 혹은 세미나에서 사용할 자료로 몇 장 찍는 정도다. 떨어져 지내는 부모님에게 내 모습을 보여주기 위해 사진을 찍을 때도 있기는 하다. 이외에 단지 추억을 남기기 위해 사진을 찍는 경우는 없다. 연하장이나 편지 같은 우편물도 전부 버린다.

물론 사진이나 편지를 보면 '그때가 그립군, 예전에 이런 일도 있었지' 하는 감정이 솟겠지만, 이와 같은 감정이 든다 해서 자신의 행동이 좋은 방향으로 바뀌는 것도 아니고 긍정적인 힘이 생기는 것도 아니다.

## 보관하면 번거로워진다

　수첩도 예전에 쓰던 것은 전부 버린다. 예전의 계획을 뚫어져라 들여다본들 뭔가 즐거운 일이 일어날 리 만무하다. 업무상 '저 사람을 전에 몇 번이나 만났더라?' 하는 의문을 곧바로 풀어줄 기록이 필요한 사람도 있다. 그러나 나는 이러한 상황에 직면하는 일이 없어서 수첩을 남기지 않는다.

　다른 사람에게서 받은 명함은 일단 캐비닛 안에 보관하지만, 연례행사로 얼굴이 기억나지 않는 사람의 명함을 한꺼번에 버린다. 정말 필요한 사람은 명함 교환을 한 직후 메시지를 주고받거나 SNS로 연락하기 때문에 명함이 없어져도 전혀 문제되지 않는다.

　다만, 이메일만큼은 용량 무제한 웹 메일을 사용한 후로는 삭제하지 않고 그대로 저장해둔다. 이메일은 증거 능력도 있어 업무상 분쟁이 생겼을 때 방어 수단으로 사용할 수 있다. 그렇지만 기본적으로는 이메일도 다시 들여다보는 경우가 드물다.

## 과거보다 현재와 미래에 초점을 맞춘다

　물론 이는 개인의 가치관 문제이기 때문에 추억을 남기는 행동을 완전히 부정할 생각은 없다. 어디까지나 한 개인의 생각으로서 나와 생각이 다른 사람이 있는 것은 당연하다. 그러나 과거를 돌아보며 추억에 빠진다거나 예전을 그리워하는 행위는 일종의 현실 도피 행위이므로 생산성이 없다는 것이 내 의견이다.

　어쩌면 삭막한 사람처럼 비칠지 모르지만 과거를 버리면 두 가지 메리트를 누릴 수 있다. '홀가분해진다는 것'과 '현재와 미래에 초점을 맞출 수 있다는 것'이다. 보관하는 물건이 줄어들면 물리적으로 필요한 장소가 작아진다. 디지털 데이터로 보관하면 장소를 많이 차지하지는 않지만, 하드 디스크도 세월이 지나면 고장 나고 USB 메모리나 SD 카드도 잃어버릴 우려가 있다. 클라우드 저장 서비스는 기업의 사정에 따라 서비스가 종료될 수 있으므로 데이터 백업이나 이동 보관을 해야 하는 불편함이 있다. 그런데 보관해야 할 데이터 자체의 양이 줄어든다면 어떨까? 아마도 위에서 말한 모든 수고로움이 줄어들어 정신적으로 홀가분한 상태를 유지할 수 있을 것이다.

　현재와 미래에 초점을 맞춘다는 것은 과거를 돌이켜보기

보다 현재와 미래를 개선하기 위해 노력해야 한다는 뜻이다. 현재와 미래가 나아지면 결국 과거도 기분 좋게 추억할 수 있다. 예전에 아무리 잘나가던 사람이라도 한순간에 무너질 수 있다. 그러면 과거의 영광도 말짱 헛것이 된다. 반면에 과거가 아무리 어둡고 비참했더라도 나중에 명성을 쌓아 성공하면 그 시절의 고난이 있었기에 지금의 내가 있다고 과거에 대해 긍정적인 평가를 내릴 수 있다. 현재와 미래에 걸쳐 어떻게 삶에 대처하느냐가 과거의 의미마저 바꿔버리는 것이다. 이렇게 생각하면 과거를 돌이켜보며 감상에 빠질 겨를이 없다.

## 4

# 업무 기술

# 시간 관리를 버린다

| 못 버리면 | 바쁘게 일한다는 사실에 만족하고 만다. |
| 버리면 | 성과를 추구하게 된다. |

나는 시간 관리는 필요 없다고 생각한다. 수첩을 체계적으로 적는 기술 같은 것에도 관심이 없다. 그 이유는 물리적인 시간은 변함없으므로 관리해야 할 것은 시간이 아니라 자신의 행동이라고 생각하기 때문이다. 중시해야 할 것은 어떻게 효율적으로 시간을 사용할 것인지 혹은 어느 곳에 시간을 투입할 것인지가 아니다. 똑같은 시간을 사용해서 효과를 최대한으로 내기 위해 자신의 행동을 최적화하는 일, 다시 말해 행동 관리가 중요하다.

### 성과에 초점을 맞춘 행동을 의식한다

나는 오전 중에는 되도록이면 회의나 미팅 약속을 잡지 않는다. 집중력이 가장 좋은 오전에는 그보다 더 중요한 업무에 전념하는 편이 좋은 결과를 낼 수 있다. 그리고 오후에는 사람을 만난다. 미팅은 집중력이 그다지 없어도 할 수 있고, 우편물을 보내거나 청구서를 만드는 등의 잡일도 크게 머리 쓰는 일이 아니므로 오후로 돌린다. 이메일 답장도 급한 일이 아닌 한 오후에 한다. 집중할 수 있는 시간에 중요한 업무를 배정하고, 집중력이 떨어지는 시간에는 잡일을 배정한다. 이는 시간보다 성과를 중시하는 행동 방법이다.

또한 외출이 필요한 일은 되도록이면 특정한 날에 몰아넣어서 외출 한 번으로 모든 외부 업무를 끝낼 수 있도록 한다. 이러면 아무런 외부 약속도 없는 날을 확보할 수 있다. 외출은 걷거나 뛰는 시간, 신호를 기다리는 시간, 전철을 기다리는 시간, 사람을 기다리는 시간 등 잉여 시간이 자주 생기기 때문에 소비한 시간에 비해 성과가 낮다. 아무런 약속도 없는 날에는 '슬슬 약속 시간이 다가오니 1시간 뒤에는 외출 준비를 해야겠군.' 하는 식의 생각을 전혀 하지 않아도 되므로 온전히 자기 일에만 집중할 수 있다. 외부 약속이 잡히지 않은 날에는 시간 제약 없이 성과를 내는 데만 전념한다. 나는 책, 칼럼, 뉴스 레터 등의 원고를 쓰거나, 웹 사이트 구성을 생각하거나, 새로운 사업의 추진 방법을 고민하거나, 인터넷에서 정보를 수집한다.

'어떻게 하면 최고의 성과를 얻을 수 있을까?' 하는 문제를 최우선으로 생각하며 하루의 행동을 설계해나간다. 그럼으로써 정신없이 바쁜데도 결과가 나타나지 않는 상황을 피하고 최고의 능력을 발휘할 수 있는 환경을 만들 수 있다.

### 쓸데없는 시간을 버린다

우리는 어떻게 되든 상관없는 일에 꽤 많은 시간을 소비하는 경향이 있다.

'아무런 결론도 나오지 않는 생산성 없는 회의, 행동으로 연결되지 않는 푸념으로 가득 찬 회식, 시답잖은 이야기만 난무하는 잡담, 자기만족을 위해 SNS에 올리는 글, 특별히 필요하지도 않은 채팅, 도움되지 않는 정보만 전해주는 가십 프로그램, 톱뉴스에 어떤 기사가 실렸는지 다음 날이면 모조리 잊어버리는 신문 구독…'

이처럼 무의식적으로 지녀온 습관 가운데서 자신에게 정말로 필요한 습관만을 엄격하게 골라낸 다음 불필요하다고 판단되는 습관은 깨끗이 버린다. 그리고 무기력해지는 시간도 버린다. 나중에 허무하게 느껴질 것 같은 시간도 버린다. 자기혐오나 후회가 생길 것 같은 시간도 버린다.

대신에 자신감으로 이어지는 시간, 행복을 느낄 수 있는 시간을 만들어간다. 가능하면 이러한 시간으로 하루를 꽉 채워야 한다. 꾸준히 노력하면 알찬 하루를 보낼 수 있다.

## 수첩에 적힌 것은 남들과의 약속

시간 관리가 불필요한 또 다른 이유는 스케줄이라는 게 대개 남들과의 약속에 지나지 않기 때문이다. 정말 중요한 것은 '나는 무엇을 해야 하는가?, 어떤 사람이 되어야 하는가?, 어떤 인생을 살아야 하는가?'와 같은 자신과의 약속이다.

수첩을 들여다보면 남들과의 약속, 남들로부터 의뢰받은 업무의 마감 시간 등 잊어버리면 안 되는 중요한 사항이 적혀 있다. 그러나 수첩에는 그보다 더 중요한 내가 성공하기 위해서는 언제까지 무엇을 해야 하는가에 관해서는 적혀 있지 않다.

물론 업무에서 타인과의 약속은 중요하다. 사생활에서도 친구와의 약속을 무시할 수 없다. 하지만 스스로 일을 만들지 않으면 남이 만들어놓은 일을 하는 수밖에 없다. 자신의 행동 계획을 스스로 세우지 않으면 타인의 꿈을 달성하기 위해 자신의 소중한 시간을 낭비할 수밖에 없다. 당신이 직접 제안해서 새로운 일을 만들지 못하면 회사나 상사가 들고 온 업무만 처리해야 한다. 당신이 친구나 지인의 제안에 못 이겨 술자리에 나가면 그들의 푸념을 들어주는 역할로 이용당하게 될 뿐이다.

따라서 다른 사람들과의 약속을 지키기 위해서만 시간 관리를 해서는 안 된다. 자신이 이상으로 품고 있는 인생을 실현하기 위해 자신과의 약속을 스스로 하고, 그 약속을 행동으로 옮기기 위해 시간 관리를 해야 한다.

버리기
19

# 고객 지향성을
# 버린다

> **못 버리면** 대담한 발상에서 멀어진다.
> **버리면** 세상을 뒤집는 아이디어가 나온다.

마켓 인(market in : 소비자의 수요를 최우선으로 삼고 상품과 서비스를 기획·개발하는 방법)이라는 개념은 비즈니스에서 필수로 여겨진다. 나 또한 어느 정도는 맞는 말이라 생각한다. 그러나 히트 상품은 그와 반대 개념인 프로덕트 아웃(product out : 상품 개발, 생산, 판매 활동을 할 때 기업 측의 형편―논리, 사상, 감성, 고민, 기술 등―을 우선하는 방법)으로 탄생하는 경우가 많다.

예전에는 특정 물건에 대한 사람들의 수요가 명확했지만, 물건이 넘쳐나고 일상생활에 불편함이 없는 현대에는 수요가 분명히 드러나지 않는다. 고객에게 무엇을 원하는지 물어봐도 속 시원한 대답이 돌아오지 않을뿐더러 고객의 반응을 귀담아들으면 오히려 어이없는 실수를 저지를 수 있다.

## 시장 조사로는 알아낼 수 없는 수요도 있다

내가 편의점에서 근무할 때 신상품 개발을 위한 시장 조사에 참여한 적이 있다. 당시 시장 조사 결과 잘 팔릴 것으로 큰 기대를 모았던 상품이 있었는데 실제 판매 실적은 지지부진했다. 결국 잘 팔리지 않아 진열대에서 금세 자취를 감췄다. 이를 통해, 시장 조사라는 특수한 환경에서 단일 상품만을 평가할 때의 기준과 실제 매장에서 고객이 다른 상품과 비교하면서 물건을 고를 때의 기준 사이에는 커다란 괴리가 있음을 깨달았다.

생각해보면 당연한 일이다. 고작 시장 조사 하나로 어떤 물건이 잘 팔릴지 죄다 알 수 있다면 시장 조사만 성실히 해도 모든 비즈니스를 독점할 수 있겠지만 실제로 그러한 회사는 없다. 시장 조사가 완벽히 이루어졌더라도 어떤 물건이 반드시 잘 팔릴 것이라 확신하지 못한다.

시장 조사를 하거나 고객의 목소리를 듣는 것이 완전히 의미 없는 일은 아니다. 조사 방법에 따라서는 고객의 잠재적 수요를 찾아낼 수 있기도 하다. 하지만 기능만 잔뜩 추가하면 무조건 잘 팔릴 것이라 생각하는 일본의 전기 제품 제조사의 안일한 인식과 같은 독단적인 프로덕트 아웃 역시 통용되지 않는다. 때문에 마켓 인과 프로덕트 아웃 사이에서 비즈니스

맨은 늘 고민하게 된다.

> ### '하트 인, 프로덕트 아웃'으로 상품 개발

나는 상품 개발을 하는 하나의 방법으로 '하트 인(heart in), 프로덕트 아웃(product out)'을 제안한다. 이는 개발자 본인이 간절히 원하는 물건을 상품화하는 방법이다. 수많은 히트 상품은 개발자의 간절한 바람이 담겨 있다. 이 간절한 열정이 고객에게 전달되어 '이게 바로 내가 원하던 상품이야!' 하는 반응을 불러일으키고 결국 새로운 수요를 창조하는 데 이른다.

지하철 환승 맵이라는 유명한 지도를 만든 주식회사 나빗의 사장 후쿠이 야스요도 그중 한 사람이다. 어느 여름날 아이를 유모차에 태우고 집을 나선 후쿠이 씨는 환승을 위해 지하철 안을 걸어다니느라 완전히 녹초가 되었다. 이 경험이 반복되자 '환승하기에 가장 가까운 출입문을 미리 알면 편리하지 않을까?' 하는 데까지 생각이 미쳤다. 그리고 그녀는 주말마다 남편에게 아이를 맡기고 도쿄의 지하철역을 직접 조사하기 시작했다. 200군데 이상의 역에 있는 에스컬레이터, 엘리베이터, 화장실 등의 위치와 다른 노선으로 갈아타는 데 편리한 출입문 등을 메모했다. 그렇게 수집한 막대한 정보를 바탕으로 기획서를 작성해서 50군데 이상의 회사에 뿌렸고 결국 출판물로 나오기에 이르렀다.

> **자신이 간절히 원하는 물건은
> 다른 사람들도 간절히 원한다**

나도 상품을 만들 때는 고객을 지향하지 않고 나 자신을 지향한다. 내가 원하는 물건을 만들자는 것이 나의 신조다. 고객의 목소리를 반영하면서 상품을 세밀히 개선해나가는 작업도 물론 중요하다. 그러나 시장을 뒤집어엎을만한 상품은 열이면 열 모두가 입을 모아 훌륭하다고 칭찬하는 상품이 아니다. 열에 아홉이 필요 없다고 말해도 나머지 한 명이 감격에 겨워 눈물을 흘릴 만큼 엄지를 치켜세우는 상품이 세상을 바꾼다.

스스로는 좋은 아이디어라 생각하더라도 주변의 반응이 시원찮은 경우 대개 포기해버리고 만다. 하지만 단 한 명이라도 그 아이디어에 푹 빠져 있다면 상품은 팔릴 가능성이 있고 시장에 내놓을만한 가치가 충분히 있다. 오히려 모두가 훌륭하다고 칭찬할 때가 위험하다. 모두가 좋아하는 상품은 누구나 이해할 수 있는 상식적인 범위를 벗어나지 못한다. 즉, 진부한 상품일 가능성이 크다는 뜻이다. 게다가 모두가 좋다고 말하는 아이디어는 누구나 쉽게 떠올릴 수 있는 것이므로 이미 누군가가 상품화했을 가능성도 높다.

수요는 찾는 게 아니라 창조하는 것이다. 수요를 창조하는 하나의 방법은 자신이 간절히 원하는 것에 눈을 돌리는 일, 즉 자신의 내면을 살펴보는 일이다.

버리기
20

문제 해결 지향적
사고를 버린다

| 못 버리면 | 해결해야 할 문제가 늘어난다. |
| 버리면 | 중요한 문제의 해결에 집중할 수 있다. |

문제 해결이라는 말은 비즈니스 세계에서 자주 사용되지만, 일상생활에서도 다양한 문제가 일어나기 마련이다. 문제가 생겼을 때 어떻게 대응하느냐, 다시 말해 어떻게 문제 해결을 할 것이냐에 따라 인생은 크게 달라진다.

예를 들어, 아침에 일어나서 이를 닦으려 했는데 치약이 다 떨어졌다는 문제가 발생했을 경우 어떤 방법으로 해결할 수 있을까? '소금으로 닦는다, 얼른 편의점에 뛰어가서 사 온다, 출근하는 도중에 치약을 사서 화장실에서 닦는다, 이를 닦는 대신 껌을 씹는다, 오늘만 양치질을 거르고 출근한다' 등 다양한 방안이 있을 것이다.

그렇다면 아침 일찍 클라이언트의 회사에서 프레젠테이션을 하는데 그곳에 도착해서야 자료를 잊고 왔다는 사실을 깨달았다는 문제가 발생했을 경우에는 어떻게 할까? '회사에 전화해서 누군가에게 가져와달라고 부탁한다, 프레젠테이션 시간을 미루고 직접 가서 가지고 온다, 기억하는 정보만으로 프레젠테이션을 한다, 프레젠테이션 일자를 다시 정한다' 등 여러 해결법이 있을 것이다.

위와 같은 문제를 미연에 방지하거나 조속히 해결한다면 마음의 안정을 유지할 수 있을 뿐 아니라 손해를 막고 이익을 얻는 기회가 되기도 한다. 이처럼 문제 해결력을 기르는 일은 더욱 바람직한 인생을 만드는 데 도움이 된다. 다시 말해, 문제 해결 능력은 비즈니스에서뿐 아니라 인생 전체에서도 더 행복해지기 위한 생각과 행동이라 할 수 있다. 문제 해결의 접근법에는 일반적으로 다음의 세 가지 패턴이 있다.

① 발생하는 문제 해결
② 발견하는 문제 해결
③ 창조하는 문제 해결

첫째, 발생하는 문제 해결은 이미 일어난 문제를 해결하는 것을 말한다. 일반적으로 문제 해결이라 하면 이것을 가리킨다. 병에 걸리면 의사에게 가서 치료를 받는 식의 문제 해결 방식이다. 이는 겉으로 드러나는 증상에 집중하는 대증 요법이자 임기응변이라고도 할 수 있다. 둘째, 발견하는 문제 해결은 문제의 싹을 발견하고 그 문제가 표면화되지 않도록 사전에 조치를 취하는 것을 말한다. 문제가 커지기 전에 손을 써두면 문제가 불거지지 않으므로 문제 해결도 필요 없어진다. 병에 걸리지 않도록 조심해서 애초에 의사에게 갈 일을 없애는 식의 문제 해결 방식이다. 셋째, 창조하는 문제 해결은 스스로 문제를 찾아내고 대처하는 것을 말한다. 누가 시킨 대로 하는 게 아니라 자신의 약점을 스스로 찾아내서 극복하거나 자신의 장점을 파악해서 활용하는 행동이다. 운동 부족이라는 자신의 약점을 찾아내고 프로그램을 짜서 체계적으로 운동함으로써 건강을 유지하는 식의 문제 해결 방식이다.

## 최강의 문제 해결 비법은 문제를 문제시하지 않는 것이다

세 가지 일반적인 문제 해결법 외에 이 책에서는 네 번째 접근법을 소개하고자 한다. 매우 단순하지만 문제를 문제라 인식하지 않는 방식이 좋다. 남들이 문제라 해도 정작 자신이 그것을 문제로 보지 않는다면 해결할 필요가 없어진다.

예를 들어, 통통한 편인데 건강 진단을 받았더니 성인병 위험군에 해당되었다는 문제가 발생한 경우, 일본의 의료 상식으로 생각해보면 다이어트를 해야 한다. 하지만 한편으로는 통통한 체형의 사람이 오래 산다는 데이터도 있다. 콜레스테롤이 꼭 나쁘다고만 할 수 없다는 목소리도 높다. 또한 약간 살찐 체형을 좋아하는 사람도 많다. 이와 같은 식으로 직접 생각해보고 스스로 납득할만한 합리적인 이유가 있다면 통통함을 걱정할 필요가 없다는 판단이 내려진다. 그 순간 성인병 위험군이라는 주제는 더 이상 문제가 되지 않고 문제 해결도 필요 없어진다.

    요컨대 남이 제시한 문제를 스스로 고민해보지도 않은 채 무턱대고 해결해야 하는 문제로 여겨서는 안 된다. 자신이 본질적으로 중요하다고 느끼지 못하는 사항은 다른 사람들이 아무리 뭐라 해도 가능한 한 무시해야 한다. 사회의 행복은 결국 사회 구성원인 우리들 각자가 행복해짐으로써 이루어진다. 따라서 가장 먼저 나 자신이나 나의 가족이 행복해져야 한다. 그러기 위해 해결해야만 하는 문제에 우선적으로 집중하는 편이 훨씬 건설적이고 합리적이라고 할 수 있다.

버리기
21

정보를
버린다

| 못 버리면 | 정보에 휘둘린다. |
| 버리면 | 사고력이 높아진다. |

오늘날에는 무슨 사건이 벌어지는 순간 그 소식이 실시간으로 인터넷에 뜨고 순식간에 전 세계로 퍼진다. 정보는 시시각각 새로운 정보로 덮어씌워져 불과 한 시간 전의 정보조차 낡은 정보가 되고 만다.

또한 신문이나 잡지 기사, 뉴스 보도 등은 인터넷에 아카이브로 저장되어 언제든지 접속할 수 있게 되었다. 덕분에 예전에 정보 수집술이나 정보 관리술로 애용되었던 기사 스크랩은 의미를 거의 상실했다.

필요한 정보를 언제든지 쉽게 꺼내 소모품처럼 사용하는 방식이 오늘날과 어울린다고 할 수 있다. 이로써 자택이나 사무실에 보관해야 할 정보의 양이 매우 적어져서 홀가분한 생활을 누릴 수 있게 되었다. 이러한 시대이니만큼 정보를 버린다는 발상이 중요해졌음을 느낀다.

## 생각하기 위해서는 정보 수집을 그만둬야 한다

내가 어렸을 때는 오로지 밖에서만 열심히 뛰놀았다. 초등학교에 들어가서야 겨우 비디오 게임이 등장해 실내에서 노는 일이 점차 늘어났다. 지금은 초등학교에 들어가기 전부터 컴퓨터나 스마트폰을 쉽게 접한다. 별달리 고민하지 않아도 충분히 즐길거리가 많은 환경이다. 정보 수집도 편리해져서 인터넷으로 검색하면 대부분의 지식을 얻을 수 있다. 심지어 인생의 노하우도 여기저기에 넘쳐난다. 더 이상 스스로 생각하지 않아도 해답을 찾아낼 수 있는 시대가 되었다. 그러자 인터넷에 돌아다니는 미심쩍은 정보조차 사실이라고 믿어버리는 사람도 생겨났다.

원래 정보는 생각하기 위한 재료다. 수집한 정보에서 무엇을 찾아내고 그 정보를 바탕으로 어떻게 행동할 것인지는 각자가 스스로 생각해야 한다. 행동 지침을 생각해내기 위해 정보가 존재하는 것이다. 그러나 정보가 범람하는 오늘날 정보는 생각하는 힘이 있는 사람에게 의미 있는 무기를 선사해주는 한편으로, 생각하는 힘이 없는 사람에게서는 능력을 조금씩 빼앗고 있다. 정보가 사람들의 지성을 극단적으로 양극화시키는 시대인 것이다.

> '3D 프린터로 권총을 만든 사람이 체포되었다'는
> 뉴스에서 어떤 정보를 읽어낼 것인가?

일전에 어떤 사람이 3D 프린터로 살상 능력이 있는 권총을 만들어서 체포되었다는 뉴스가 보도된 적이 있었다. 뒤이어 3D 프린터의 폐해가 심각하다거나 3D 데이터 다운로드에 대한 규제가 필요하다는 등의 부정적인 보도가 주를 이루었다.

이러한 부정적인 분위기 속에서 나는 3D 프린터가 비즈니스 환경을 혁신하고 개인의 경쟁력을 더욱 강화할 것이라는 기대감에 마음이 설렜다. 3D 프린터는 종이에 인쇄하는 2차원 프린터와 달리 입체 조형물을 똑같이 찍어낼 수 있는 장치다. 이미 제조, 건설, 의료 현장에서 활용되기 시작했는데, 본체 가격이 100만 원대로 떨어져서 개인적으로도 충분히 구입할 수 있다. 휴대전화처럼 한 사람이 한 대씩 갖게 될 날이 올지도 모른다. 3D 프린터가 대중적으로 보급되면 개개인이 물건을 쉽게 만들어낼 수 있게 된다. 개인 제조업이 거대한 비즈니스가 될 가능성이 생겨나는 것이다. 개인적으로 만들어낸 물건을 인터넷 옥션에서 판매할 수도 있고, 직접 만든 요리를 스캔해서 조형물을 만든 후 색을 칠해 이베이에 출품할 수도 있다. 남의 조형물을 무단으로 복사하는 불법 다운

로드 문제가 분명히 일어날 것이지만, 3D 프린터가 개개인의 비즈니스를 근본부터 바꿀 가능성을 품고 있다는 사실만큼은 간과할 수 없다. 하지만 3D 프린터에 대한 부정적인 보도만을 아무 생각 없이 접하다 보면 이와 같은 3D 프린터의 가능성을 깨닫지 못하게 된다.

어느 정도 정보를 모았다면 더 이상 정보 모으기를 그만두고 그 정보로 무엇을 할 수 있을지 생각해야 한다. 자기 나름대로의 가설을 세우고 행동으로 옮겨 검증해봐야 한다. 생각과 행동으로 옮겨지지 않는 정보, 결과가 나오지 않는 정보는 무의미한 정보에 불과하다.

버리기
22

업무 시간에만
일한다는 생각을
버린다

> **못 버리면** 50대 이후에 수입이 줄어든다.
> **버리면** 업무의 저력이 높아진다.

 

요즘에는 정시에 퇴근해서 사생활을 알차게 보내려는 사람들이 늘어나고 있다. 정시에 퇴근하기 위해서는 단시간에 업무를 집중적으로 처리해야 한다. 이는 생산성을 높인다는 면에서 이상적인 업무 방법이라 할 수 있다. 그러나 이는 어디까지나 부가 가치가 낮은 '작업'에만 해당되는 이야기다. 더 높은 차원의 '업무'는 거기에 플러스알파가 필요하다.

예를 들어, 내일 방문할 예정인 거래처가 있다 치자. 효율적인 사람은 그 거래처의 홈페이지를 쓱 살펴보고 과거에 같은 업종이나 업태에서 사용한 제안서를 약간 수정한 후 마지막으로 지도를 프린트해서 가방에 넣으면 준비가 끝난다. 이 정도는 누구나 할 수 있는 일이다. 하지만 단순히 효율적인 사람을 뛰어넘어 더욱 성장하는 사람이라면 그보다 더 나아가 거래처 혹은 담당자가 품고 있는 문제에 관해 가설을 세우고 질문을 준비하고 그 해결책을 생각해둔다. 그리고 거래처와 교섭하는 자리에서 "혹시 ○○ 문제로 고민하고 계시지 않나요?" 하고 말을 꺼낸다. 그러면 거래처의 담당자는 '이 사람은 뭔가 다르군. 이 사람에게 일을 맡기면 왠지 잘될 것 같아.'라고 느끼게 된다.

　이처럼 거래처에 신뢰감을 심어주기 위해서는 업계의 동향을 미리 파악하고, 자료를 읽어서 문제를 추출하고, 성공 사례 등을 조사해둬야 한다. 그런데 거래처 역시 업계의 프로이다 보니 대부분의 정보는 이미 알고 있다. 따라서 그들이 모르는 정보까지 제시해야만 그들에게 깊은 인상을 남길 수 있다. 그러려면 다른 업계의 사례까지 낱낱이 살펴봐야 한다. 과연 잔업 없이 정해진 업무 시간에만 이 모든 것을 준비할 수 있을까?

> **잔업을 없애자고 주장하는 사람은
> 견연자이거니 예전에 일밀레었넌 사람**

　잔업을 없애자고 주장하는 사람은 어떤 입장에 있는 사람일까? 놀랍게도 대부분은 경영자다. 경영자의 입장에서 보면 잔업은 곧 비용이다. 우울증이나 과로사를 일으키기도 하고 우수한 사원이 그만두는 원인이 되기도 하므로 잔업은 경영 리스크 가운데 하나다. 그러므로 대기업이나 상장 기업의 경영자는 어떻게든 잔업을 줄이려 한다. 즉, 잔업을 없애자는 주장은 사원과는 입장이 다른 사람의 주장이다. 개인의 성장이라는 관점에서 생각했을 때 잔업을 없애는 것은 바람직하지 않다. 그러니 주변의 분위기에 휩쓸리지 말고 자신의 입장에서 생각해볼 필요가 있다.

한편, 예전에 일벌레처럼 열심히 일해서 실력을 높인 사람들도 잔업을 없애자고 말한다. 이러한 사람들은 이미 업무와 사생활의 균형을 자유자재로 조절할 수 있을 만큼 실력을 키웠기 때문에 이러한 주장을 할 수 있는 것이다. 실력이 아직 모자란다면 잔업을 없애자는 주장에 쉽게 휩쓸려서는 안 된다.

### 일벌레처럼 열심히 일했던 시절의 이야기

내가 첫 직장에서 쫓겨나듯 그만뒀을 때 나 자신의 무능력함에 스스로가 한심하게 느껴졌다. 그래서 다음 직장부터는 적어도 2년 동안은 인간다운 생활을 포기하고 일에만 몰두하자고 마음먹었다. 2년제 비즈니스 스쿨에 다니는 셈 치고 일을 배우면서 성과를 내겠다는 발상이었다.

다음 직장은 편의점이었고 첫 업무는 매장 근무였다. 7시에 매장에 출근해서 22시가 되기 전에는 집에 돌아가지 않았다. 토요일과 공휴일에도 근무했고 휴일은 일주일에 단 하루였다. 잔업 수당이나 휴일 출근 수당도 회사에서 정해진 금액밖에 청구할 수 없었다. 나는 이때가 자기 연마를 하는 데 중요한 시기였다고 생각한다.

1년 후 매장을 지도하는 슈퍼바이저라는 직종으로 옮겼지만 출퇴근 시간은 그대로였다. 잔업의 개념조차 잊어버릴 만큼 아침 일찍부터 밤늦게까지 열심히 일만 했다. 틈날 때마다 경쟁 매장을 살펴보고 휴일에는 새로이 오픈한 상업 시설을 시찰했다.

### 집에 들어가면 아무것도 안 한다

집에서는 휴식만 취하기로 하고 집안일에서도 완전히 손을 놓았다. 충분한 수면이야말로 업무의 질과 양을 좌우한다고 생각했기 때문에 수면 시간을 설내 줄이시 않았다. 밤 11시에 자고 아침 6시에 일어나는 습관을 들여 7시간의 수면 시간을 확보했다. 텔레비전도 보지 않았고 인터넷 서핑도 하지 않았다. 청소도 하지 않았고 요리도 하지 않았다. 방이 지저분해도 먼지가 쌓였다고 해서 죽지는 않는다는 생각으로 내버려뒀다. 삼시 세 끼를 모두 편의점 도시락으로 때웠지만 평생 이렇게 일하지는 않을 것이라는 생각으로 버텼다.

혼자 살았기 때문에 빨래는 어떻게든 해야 했다. 그래서 일요일에 일주일 분을 모아서 한꺼번에 세탁기를 돌렸다. 속옷과 와이셔츠는 여섯 벌씩 마련해서 매일 갈아입었고 욕실 수건도 큼직한 것을 두고 일주일 내내 썼다. 이로써 평일에는 빨래에 신경 쓰지 않고 푹 쉴 수 있었다. 집에 돌아오고 나서 15분 뒤면 잠자리에 들었고 일어나면 샤워를 한 후 30분 이내에 출근했다. 사생활은 전혀 돌볼 수 없었지만 이는 이미 각오한 바였다.

그리고 3년 후 나는 드디어 전국 슈퍼바이저 150명 가운데 우수 사원으로 뽑혀 표창장을 받기에 이르렀다.

> **비정상적인 점을 평범하다고 여기면
> 깨닫게 되는 게 있다**

29세에 이직한 경영 컨설팅 회사에서는 스스로 원하지 않아도 어쩔 수 없이 잔업을 해야 하는 환경이었다. 일이 끝나는 시간은 새벽 2~3시여서 거의 매일 택시를 타고 귀가했다. 쉬는 날도 없다시피 해서 1년에 360일 정도 일했다. 회식 자리도 중요한 자리를 제외하면 전부 거절하고 놀러다니지도 않았다(아니 못했다). 업무에 필요하지 않은 한 독서나 공부에도 전혀 손을 대지 않았다(아니 못했다). 인간다운 생활을 버리고(버릴 수밖에 없었고) 그렇게 3년을 일했다.

고달픈 생활이라 느껴질지 모르지만 인간은 어떤 상황에나 적응하는 동물이다. 처음에는 분명히 고달팠다. 하지만 한 달이 지나자 평범하게 느껴졌다. 비정상적인 생활도 매일 계속하다 보면 일상이 된다.

물론 각자의 환경은 다르다. 우울증이나 과로사를 일으키는 수준도 사람마다 다르므로 나의 경우를 모든 사람에게 그대로 적용할 수는 없다. 하지만 나는 평범한 매일을 평범하지 않게 보내고 이러한 생활을 평범하게 해냄으로써 비로소 예전에 스스로 한심하게 느꼈던 무능력함에서 벗어날 수 있었다.

## 20대에서 30대 초반까지는 토대를 만드는 시기

당신이 20대라면 앞으로 40년 동안 일해야 한다. 지금 잔업을 하지 않는다면 40년 후에 왕성하게 돈을 벌 수 있는 실력을 키우지 못한다. 오늘날에는 비즈니스의 경쟁 상대가 전 세계로 확대되었다. 다른 나라의 비즈니스 엘리트들은 밤낮을 가리지 않고 열심히 일하고 있다. 우물 안 개구리처럼 자국민끼리의 실력만 비교하거나, 노동법에 규정된 권리만 주장하는 것은 개인의 성장이라는 관점에서 봤을 때 효율성이 떨어진다.

지하를 깊숙이 파고 토대를 단단히 다져야 높은 건물을 세울 수 있는 것처럼, 젊은 시기에는 여가나 고수입을 좇기보다는 토대 다지기에 초점을 맞춰야만 성장의 여지를 넓힐 수 있다. 회사나 법률이 정해놓은 근무 시간이라는 틀에 자신의 삶을 일률적으로 맞출 필요는 없다. 물론 살다 보면 피치 못한 일이 생겨 업무에만 몰두할 수 없을 수 있고, 무리해서 건강을 해칠 수도 있으므로 때로는 과감히 휴식을 취하는 용기도 필요하다.

중요한 점은 일하는 방식을 스스로 결정해야 한다는 데 있다. 자신의 능력을 높이는 방법도 스스로 결정해야 한다. 그리고 스스로 결정한 일에 대해서는 당연히 스스로 책임져야 한다. 자기 삶의 핸들은 자신이 쥐고 있으니까 말이다.

버리기

23

# 완벽주의를
# 버린다

| | |
|---|---|
| 못 버리면 | 스트레스로 점철된 인생을 산다. |
| 버리면 | 도전하는 체질로 바뀐다. |

지금까지 수많은 선인들이 주장해왔듯이 완벽주의도 버려야 할 습관 가운데 하나다. 의료 행위처럼 완벽을 추구해야 하는 분야도 있지만, 보통 사람들의 일상생활에서 완벽주의는 시야를 좁히고 스트레스를 쌓는 원흉이다. 완벽주의의 단점으로는 다음과 같은 사항을 들 수 있다.

① 행동이 늦어진다.
② 변화에 대응하기 어렵다.
③ 정신적으로 피로하다.
④ 남에게 불만을 느끼기 쉽다.

## 완벽주의의 단점 하나. 행동이 늦어진다

완벽하게 준비하고 나서 행동하려 하면 아무래도 행동이 늦어질 수밖에 없다.

예를 들어, 학창 시절의 시험 공부를 생각해보자. 합격할만한 점수가 나오지 않더라도 일단 모의고사를 치러보면 어떤 문제가 출제되고 어떻게 시간을 배분해야 하는지 체감할 수 있다. 시험장이 어떤 분위기이고 자신이 시험장에서 어떤 정신 상태가 되는지도 알 수 있다. 그래서 다음 모의고사나 실제 시험을 볼 때는 더 잘 대처할 수 있게 된다. 모의고사 경험이 많을수록 실제 시험에서 평상심을 더욱 잘 유지할 수 있다.

이는 비즈니스에서도 마찬가지다. 완벽하다고 생각했던 계획도 고객의 반응이나 시장의 변화에 따라 궤도 수정을 해야 할 때가 많다. 내가 예전에 실패했던 사업 가운데 투자 물건 검색 사이트가 있다. 처음에는 장대한 비전을 내걸고 거액의 자금을 투입했다. 시스템의 기능 설계에 관해 웹 제작 회사와 완벽하게 협의하는 데 반년 이상의 시간을 소비했다. 완벽하게 준비하고 나서 사이트를 오픈해야 한다는 생각이 강했던 것이다. 그러나 막상 사이트를 오픈하자 경쟁 서비스에 밀리고 고객의 수요도 바뀌어 전혀 팔리지 않았다. 뒤늦게 변화를 주려 했지만 처음부터 시스템을 빠듯하게 짜둔 탓에 수정 비용이 만만치 않게 나와서 자금이 부족했다. 결국 꼼짝달싹하지 못하는 상황에 빠져버리고 말았다.

이렇게 되지 않기 위해서는 60~70% 정도의 완성도만 있으면 일단 시작해보는 게 좋다. 먼저 서비스를 시작해보고 상황을 살피는 작전이다. 그러면 고객으로부터 반응이 나올 것이고 의견도 받을 수 있다. 전혀 반응이 없다 하더라도 그것 또한 하나의 반응이라 여기면 된다. '이 점을 개선하면 더 좋은 반응을 얻을 수 있겠지, 반응이 괜찮으니 더 개량해보자' 하는 식으로 시행착오를 거듭하며 점점 진화해갈 수 있다.

## 완벽주의의 단점 둘. 변화에 대응하기 어렵다

오랜 시간 정성 들여 완성한 프레젠테이션 자료를 상사에게 보여줬는데 근본 내용부터 뒤집어엎으라는 지적을 받는 경우가 있다. 그러면 지금까지 들인 시간과 노력이 모두 헛것이 되고 만다. "처음부터 상의를 했어야지."라는 핀잔을 들으면 의욕도 뚝 떨어진다. 이와 같은 사태를 피하기 위해서는 일단 세부적인 부분에 신경 쓰지 말고 전체적인 스토리나 구성을 대충 만든 후 상사에게 보여준다. 그러면 지적을 당하더라도 초기 단계에서 수정 작업을 할 수 있기 때문에 낭비되는 시간과 노력이 줄어든다.

아직 허술한 상태이더라도 일단 마지막까지 끝내놓는 게 중요하다. 예를 들어, 기획서나 보고서를 쓸 때는 처음부터 세 번 수정한다는 생각으로 시작하면 결과적으로 완성도가 높아진다. 처음에는 상사가 화를 내지 않을 정도의 수준으로만 대충 작성한다. 그리고 상사의 피드백을 받고 수정한다. 마지막에는 자신이 완전히 납득할 수 있을 만큼 세부적으로 파고든다.

이른 단계에서 일단 전체적인 모습은 완성했다는 안심을 느끼면 그 이후로는 알맹이를 다듬는 데 전념할 수 있다. 전체적인 모습을 일찍 완성하는 만큼 내용을 확인하거나 수정할 시간적 여유가 생겨난다. 이처럼 처음부터 완벽을 추구하지 말아야 결과물의 질이 높아진다.

## 완벽주의의 단점 셋. 정신적으로 피로하다

완벽주의를 지닌 사람은 스트레스를 쉽게 받는 경향이 있다. 훌륭한 직장인이자 착한 부인이자 동시에 좋은 엄마가 되어야 한다는 강박이 너무 강하면 시간적으로나 정신적으로 쫓기게 되고 몸과 마음이 피폐해진다. 하지만 적당히 해도 괜찮다고 생각하는 순간 여러 가지 강제력이나 압박이나 의무감에서 해방되어 가뿐한 나날을 보낼 수 있다. 이와 같은 마음의 여유를 가지려면 '○○을 꼭 해야 한다'라는 마음을 버려야 한다. 버리지 못한다면 쓸데없는 의무감에 사로잡혀 앞으로 나아갈 수 없다.

의무감이 사라진다면 어떤 곤란한 일이 벌어질지 상상해 보자. 예를 들어, 집 청소를 게을리했다 치자. 방은 지저분해지겠지만 인간은 먼지가 조금 쌓였다고 죽지 않는다. 빨래를 게을리했다 치자. 아침에 입을 옷이 없더라도 어제 입었던 옷에 방향제를 뿌리면 하루 정도는 더 입을 수 있다. 또한 아이의 장래를 위해 이것저것 미리 계획하고 교육시키더라도 아이는 부모의 바람대로 자라주지 않는다.

이처럼 꼭 해야 한다고 생각되는 일을 하지 않더라도 생각만큼 큰일이 벌어지지 않는다. 뿐만 아니라 꼭 해야 한다는 일을 아득바득 해내더라도 생각만큼 좋은 일이 일어나지도 않는다.

### 완벽주의의 단점 넷. 남에게 불만을 느끼기 쉽다

완벽주의의 또 한 가지 폐해는 남에게도 완벽을 요구하게 된다는 점이다. 자신이 완벽하기 때문에 상대방도 완벽해야 한다는 발상에 빠지는 것이다. 그래서 남에게 너그러워지지 못하고 짜증을 자주 부리게 된다. "왜 이런 것도 못해?" 하며 남을 쉽게 비난하는 사람이 되고 만다. 완벽주의를 강요받는 상대방은 당연히 기분 좋을 리 없다. 완벽주의자는 꼬치꼬치 잔소리만 해대는 사람으로 여겨져 기피 대상이 된다. 그래서 직장에서 외톨이가 되는 사람 중에 완벽주의자가 많다.

    사람은 불완전하고 사회 역시 불완전하다. 세상의 모든 것이 불완전하므로 앞으로 발전하고 개선할 여지가 넘쳐난다. 이 점을 이해하면 남들의 불완전함을 받아들이고 허용할 수 있다. 그러면 타인의 언행에 사사건건 화를 내거나 초조해하는 일이 줄어들고, 감정적으로 평온한 생활을 보낼 수 있다.

# 5

# 일하는 법

버리기
24

# 자사 기준의 평가를 버린다

| | |
|---|---|
| **못 버리면** | 타사와 타업계에서 통용되지 않는다. |
| **버리면** | 어디서나 활용 가능한 능력이 개발된다. |

 순탄하게 승진해나가는 사람의 특징이 하나 있다. 그것은 바로 회사의 평가를 중시하지 않는다는 점이다. 우수한 사람일수록 인사 고과의 기준을 모른다고 말한다. 어떻게 하면 회사로부터 높은 평가를 받는지 모른다는 의미다. 회사의 평가를 신경 쓰다 보면 고객을 친절히 대해야 한다는 인식이 뒷전으로 밀려난다. 그러나 회사의 평가를 버리면 고객에게 어떻게 대응해야 장기적인 이익으로 이어지는지에만 지혜를 집중시킬 수 있다. 즉, 자신이 어떤 가치를 창조해야 하는지를 명확히 인식하게 되는 셈이다.
 당신이 인테리어 회사의 영업 사원이라고 가정해보자. 많은 의뢰, 특히 단가가 높은 의뢰를 따내는 것은 인사 고과나 보너스 산정을 생각하면 당연히 신경 써야 하는 일이다. 따라서 고객의 집을 방문했을 때 "이 부분에 조금 손상이 있네요. 얼른 수리하는 편이 좋겠습니다."라고 꼬드기면서 하지 않아

도 될 공사까지 견적에 넣으려 한다.

그러나 내가 알고 있는 한 인테리어 회사에서는 "이 부분에 조금 손상이 있지만 아직 고치지 않아도 괜찮습니다. 만약 불편한 점이 생기면 그때 연락해주세요."라고 말하는 영업사원을 더욱 높이 평가한다. 수리할 필요가 없으면 수리하지 않아도 된다고 솔직히 말한 후 견적서만 놔두고 깔끔하게 돌아가는 모습은 고객을 진정으로 위하는 태도로 비친다. 이렇게 양심 있는 사람에게는 보답해주고 싶은 게 인지상정인지라 정말 수리가 필요해지면 가장 먼저 그때 그 영업 사원에게 의뢰하게 된다. 그리고 주변 사람에게 그 업자는 친절해서 좋다고 입소문을 내준다. 실제로 이 인테리어 회사는 해당 지역에서 가장 큰 회사로서 지역 주민의 신뢰를 얻고 대기업도 진입하지 못할 만큼 영업 기반을 단단히 다지고 있다.

### 고객만을 생각하면
### 결국 회사로부터 높이 평가받는다

당신이 호텔 프런트 직원이라 상상해보자. 투숙객이 체크인하려 하는데 그 고객의 이름으로 된 예약이 없다면 당신은 어떻게 대응하겠는가?

"고객님의 성함으로는 예약이 되어 있지 않습니다만…."

"그럴 리가요? 분명히 예약했습니다."

"죄송합니다. 예약 장부를 다시 한 번 확인했지만 성함을 찾을 수가 없습니다."

"이상하네. 분명히 인터넷으로 예약했는데…. 이 확인 메일을 봐주세요. 앗! 날짜가 다르네."

이처럼 결국 고객의 잘못으로 밝혀지는 상황에서 고객은 민망한 마음을 감출 수가 없을 것이다. 프런트에서 업무를 보는 당신은 '흥, 거봐. 내 잘못이 아니라고.' 하며 자존심을 세울 수도 있을 것이다. 하지만 이는 자신의 정당성을 증명한 대가로 미래의 고객 한 명을 잃어버릴 수도 있는 심각한 사태다. 훌륭한 프런트 직원은 예약 장부를 재확인하고 이름을 찾을 수 없었다 하더라도 다음과 같이 대응했을 것이다.

"죄송합니다. 저희 쪽에서 뭔가 착오가 생긴 것 같습니다. 곧바로 방을 준비해드리겠으니 잠시만 기다려주십시오."

'어떻게 하면 이익이 될까?, 어떻게 하면 단골을 만들 수 있을까?, 어떻게 하면 고객과 신뢰 관계를 쌓을 수 있을까?'와 같은 비즈니스의 기본적인 물음에 초점을 맞추면 어떻게 고객을 대응해야 하는지 쉽게 알 수 있다. 고객과 자신 가운데 누가 옳은지 토론하는 일은 아무런 의미가 없다.

회사의 목적은 이익이지만 경영진은 이익 외에 사회에서의 평판에 신경을 많이 쓴다. 평판은 곧 회사의 브랜드이기 때문이다. 그래서 회사는 단골 고객을 많이 확보하는 사원을 내치고 싶어 하지 않는다. 이 부분에 대해서는 내가 사람을 고용하는 입장이라 잘 알고 있다. 고객에게서 감사의 편지를 받는 직원은 회사의 자랑이며 다른 직원에게도 좋은 영향을 준다. 따라서 그 직원은 오랫동안 붙잡고 싶어진다. 그런데 이토록 우수한 직원은 안타깝게도 얼마 지나지 않아 회사를 그만두고 독립해버리는 경향이 크다. 반대로 생각하면 독립할 수 있을만한 힘이 없는 사람일수록 회사의 평가에 전전긍긍하고 고객을 소홀히 하면서까지 매출 목표 달성과 같은 회사의 지시에 충실하게 따른다고 할 수 있지 않을까? 결국 '고객에게 사랑받으려면 어떻게 해야 할까?'를 늘 생각하는 사람만이 최종적으로 회사로부터 높이 평가받게 된다.

> 버리기
> 25

## 경력 향상 지향적 사고를 버린다

> **못 버리면**    힘든 인생을 내달리게 된다.
> **버리면**    직업 만족도가 높아진다.

    갑작스럽지만 내 경력을 간단히 소개한다. 나는 대학 시절에 공인 회계사가 되고 싶어 부기 검정 1급을 취득했다. 그러나 일본 회계사 시험에는 합격하지 못하고 미국 공인 회계사 시험에만 간신히 합격했다. 어쨌든 미국 공인 회계사 자격증을 땄음에도 대학교를 졸업하고는 취업을 하지 못해 아르바이트를 전전하며 생활했다. 반년 후 겨우 회계 사무소에 취업할 수 있었지만 실수를 연발해서 1년 만에 쫓겨나다시피 퇴사했다. 이후에 한 편의점 회사에 취업했다. 점장과 슈퍼바이저를 거쳐 우수 사원상을 수상했고 본부의 기획 스태프로 발탁되었다. 나름대로 높은 평가를 받았지만 벽에 부딪힌 듯한 느낌에 또 다시 이직을 결심했다.

    그다음으로 취업한 곳이 경영 컨설팅 회사였는데 과중한 업무에 몸과 마음이 피폐해졌고, 새로운 생활을 찾기 위해 부동산 투자를 시작했다. 부동산 투자가 본궤도에 오르자 경영 컨설팅 회사를 그만두고 당시에 의기투합했던 부동산 회사의 사원과 함께 인터넷 광고 대리점을 창업했다. 하지만 그다지 돈을 벌지 못한 데다 동업자와 생각의 차이가 커 회사를 동업자에게 양도했다. 이후 새롭게 부동산 중개 회사를 설립해 나름대로 규모를 키웠지만 조직 경영이 성가셔 회사를 분사했다. 이렇게 1인 회사가 되자 부동산 중개 사업에서 철수했다. 최근에는 보험 대리점, 필리핀 영어 유학 대리점, 영어 학원 등 나의 흥미를 끄는 분야에서 사업을 전개하고 있다.

### 버리지 않으면 새로운 도전을 할 수 없다

물론 한 분야를 꾸준히 파고드는 것도 중요하다. 그러나 지금 있는 장소에 머물면 다른 분야에 도전할 기회를 버리는 것과 마찬가지다. 나의 경력을 돌아보며 다행이라고 생각하는 부분은 쭉 같은 직장에 종사했더라면 알아차리지 못했을 능력을 얻게 되었다는 점이다. 편의점업계에 투신해서 배운 '가설-검증'이라는 업무 방법이 현재 사업의 토대가 되어줬다. 컨설팅업계에서는 모든 일을 논리적으로 생각하는 법을 배웠다. 이러한 능력은 이후의 내 인생에 중요한 재산이 되었다. 이는 이직을 여러 번 했기 때문에 익힐 수 있던 능력이라 생각한다.

또한 새로운 능력을 얻음으로써 또 다른 도전을 할 때 사고방식, 행동, 업무 기술이 이전과는 달라졌다. 예를 들어, 가설-검증 능력을 몸에 익힘으로써 움츠러들지 않고 일단 해보자는 용기로 새로운 일에 도전할 수 있었다. 그리고 논리적으로 사고할 수 있게 된 덕분에 투자를 통해 꾸준히 이익을 낼 수 있었는데 이 과정을 책으로 쓰면 몇 권 분량이 될 것이다. 단기적인 이직을 안 좋게 보는 사람도 있지만 무조건 나쁘다고는 할 수 없다. 중요한 것은 더욱 이상적인 인생을 꿈꾸며 앞으로 나아가는 일이다. 모든 경험을 자신의 것으로 만들고, 자신이 하고 싶은 일이나 자신의 적성에 맞는 일을 고민하며, 더욱 나은(혹은 더욱 나아 보이는) 길을 끊임없이 선택하는 것이 좋지 않을까? 그 과정에서 이직은 너무나 자연스러운 일이다.

## 경력에는 향상도 퇴보도 없다

흥미를 지니는 분야를 직업으로 삼는 게 좋다고 주장하는 이유 가운데 하나는 일이 즐거워지기 때문이다. 자기가 하고 싶은 일을 하며 고객에게서 감사의 인사를 듣고 돈까지 벌 수 있다면 그보다 즐거운 일은 없다. 일은 원래 즐거운 것이다. 만약 일상적인 업무가 지루하다면 무엇인가 잘못되어 있는 셈이다. 업계가 문제인지, 회사가 문제인지, 동료가 문제인지, 아니면 자신의 마음이 문제인지 모르지만 확실히 무엇인가가 잘못되어 있다는 의미인 것이다.

경력 향상이라는 말이 자주 쓰이는데 나의 경력에는 향상도 퇴보도 없다. 다만 행복한 경력과 행복하지 못한 경력이 있을 뿐이다. 일반적으로는 수입과 사회적 지위가 오르면 경력이 향상되었다고 본다. 예를 들어, 내 경력은 언뜻 보면 화려하다 생각될지도 모른다. 하지만 실상은 직장인으로서의 마지막 4년간은 주말도 없이 매일 밤늦게까지 일하다 택시를 타고 퇴근하는 나날이었다. 가족과 보내는 시간도 없다시피 한 상황이었다.

## 도망쳐도 좋다

내가 첫 직장인 회계 사무소를 그만둔 이유는 우울증 직전의 상황으로 몰렸기 때문이다. 입사하자마자 매일같이 계산 착오와 입력 실수를 저질러 상사에게 꾸중을 들었다. 아무리 주의를 해도 같은 실수를 반복할 뿐이었다. 날마다 혼나고 술집에 불려나가 설교를 들어야 했다. 동료도 그런 나를 멀리했고 나는 외톨이가 되어 농담조차 꺼낼 수 없는 분위기가 되었다. 그만두겠다고 결심한 것은 입사한 지 1년도 채 되지 않앉을 때였다. 퇴사를 결심한 후에도 실수는 줄어들지 않았다. 참다못한 사장과 상사가 "너 뭐하는 녀석이야!"라고 호통쳤을 때 비로소 나는 그만두겠다고 겨우 입을 뗄 수 있었다. 그렇게 해서 나는 도망치듯 회사를 그만뒀다. 쉽게 말해 비참한 패배자가 된 것이다. 하지만 그보다 몸과 마음이 피폐해진다면 아무것도 할 수 없을 것 같았다. 생명과 신체는 무엇보다 소중하다.

이 일은 건강과 최소한의 자존심을 지키기 위해서라면 기꺼이 도망쳐도 좋다고 생각하게 된 일대 사건이었다. 요즘 블랙 기업이니 과로사니 하며 과중한 업무에 관해 문제 제기가 되고 있는데, 몸과 마음이 더 망가지기 전에 그만두고 도망치는 것도 나쁘지 않다고 생각한다.

### 자신을 변혁시킬 수 있는 직장인가?

회계 사무소에서 도망쳐 편의점 회사로 이직한 것은 내 인생에서 커다란 전환점이 되었다. 악착스럽게 일한 덕분에 입사 3년 차에 연간 우수 사원상을 수상할 수 있었다. 이대로 편의점 회사에서 계속 일했으면 승승장구해서 어느 정도 높은 지위까지 올랐을지도 모른다.

그러나 당시 나는 29살이었다. 앞으로의 직업 인생이 30

년 이상 남았기 때문에 내 토대를 더 넓고 깊게 파고들고 싶었다. 성장하고 싶다는 욕구가 강했던 것이다. 그러려면 난도가 더욱 높은 일을 경험할 필요가 있었다. 더 우수한 사람들과 부대끼며 생활해야 했다. 나는 고민 끝에 전략 컨설팅 회사로 이직했다. 스스로를 변혁시켜줄 환경이 새로운 회사에 있다고 판단해서였다. 그리고 34살 때 경영 컨설턴트로서의 경력을 버리고 창업을 했다. 이후 몇 번이고 회사를 만들었다 매각하거나 때로는 파산도 했지만 회사를 버린다는 사실에 대한 반발심이나 공포는 없었다. 성역을 설정하지 않고 그때그때 가장 합리적인 판단을 내렸을 때 버리면 버릴수록 새로운 기회가 찾아온다는 사실을 실감했다.

단, 안이한 생각만으로 현실에서 벗어나려고 하거나 뜬구름 잡는 허상만을 좇으면 아무것도 개선할 수 없다. 자신의 성격과 현재의 환경을 냉정하게 생각해야 스스로의 선택이 최선인지 아닌지 알 수 있다. 인생이 즐거운지를 기준으로 자신의 직업 인생을 돌이켜보자.

버리기
26

조기 은퇴를
버린다

| 못 버리면 | 결국 은퇴할 수 없다. |
| 버리면 | 평생 좋아하는 일을 하며 산다. |

    요즘에는 일하는 게 힘들다며 가능하면 일찍 은퇴하고 싶어 하는 사람이 적지 않다. 내가 부동산 투자를 시작한 이유도 사실 조기 은퇴를 하고 싶어서였다. 월세 수입만으로 생활할 수 있는 상태가 된 해에 다니던 회사를 그만두고 얼마 동안 빈둥빈둥 놀았다. 그러나 자유를 만끽하며 우쭐대던 시기가 끝나기까지 두 달이 채 걸리지 않았다. 금세 지루하고 불안해 견딜 수 없어져서 부동산 투자를 통해 만난 사람과 공동으로 회사를 설립하고 광고 대리점업을 시작했다. 그 후로 부동산 중개 회사를 만들기도 했고, 지금은 우여곡절 끝에 개인 투자가 겸 기업가로서 일을 계속하고 있다.

    아무 일도 하지 않는다는 것은 상상 이상으로 지루했다. 그리고 아무런 가치도 만들어내지 않는 자신의 미래, 아무런 성장도 하지 않는 자신의 미래는 뇌가 퇴화하는 듯한 느낌이어서 지루함 이상으로 공포스러웠다. 지금까지의 사회생활

경험, 경영 컨설팅 회사에서의 경험, 비즈니스와 투자의 경험을 살려서 더 높은 곳으로 올라가기는커녕 일선에서 물러나 시대에 뒤처지는 느낌이었다. 아무리 돈과 시간이 많아도 이러한 공포감은 떨쳐버리기 힘들었다.

## 비즈니스에서 성공한 사람이 또 다시 비즈니스로 돌아오는 이유

한 지인의 이야기를 소개한다. 그는 20살 때 설립한 회사가 크게 성공해서 30대에 그 회사를 대기업에 매각하고 단숨에 수조 원을 손에 쥐었다. 그는 앞으로 일하지 않아도 편히 살 수 있겠다는 생각에 하와이로 이주해서 서핑과 골프를 즐기면서 은퇴 생활을 만끽했다. 그러나 그는 결국 1년도 채 지나지 않아 일본으로 귀국해 새로운 회사를 설립하고 또 다시 분주한 경영인으로 돌아왔다. 그는 이렇게 말했다.

"계속 놀다 보니 질리더라고요. 골프나 서핑도 프로 선수가 되겠다는 목표가 있다면 모르겠지만 목표가 없으니 금방 질려요. 취미나 오락도 결국 살아가는 원동력이 되지는 못합니다. 매일 일을 해야만 알찬 주말을 맞이할 수 있고, 평소에 바빠야만 취미나 여가를 진심으로 즐길 수 있어요. 그리고 사람들과 부대끼고 남들로부터 감사를 받는 일이 얼마나 소중한지 이번에 제대로 깨달았습니다."

## 은퇴는 일종의 수단일 뿐이다

조기 은퇴는 그저 사회로부터 떨어져서 은둔자처럼 지내는 게 아니라 자신이 정말로 하고 싶은 일을 하기 위한 환경을 만드는 수단이다. 즉, 일이 취미가 되고 취미가 일이 되는 것이다. 그러면 하루하루를 진정으로 즐길 수 있다. 일의 대가로 돈까지 받으면 이 돈 이상의 가치를 제공해야 한다는 의욕도 높아진다. 나는 다음과 같은 질문을 자주 받는다.

"고도 씨는 자산도 많고 수입도 많은데 이제 일을 안 해도 되지 않나요?"

이와 같은 물음에 항상 다음과 같이 대답한다.

"이렇게 즐거운 일을 왜 그만둬야 하나요?"

내가 좋아하는 일을 하고, 남들에게 감사의 인사를 듣고, 돈까지 벌 수 있으니 그만둘 이유가 없다는 사실을 이해하리라 생각한다. 아마도 위의 질문을 하는 사람은 일이 본질적으로 재미없다고 생각하는 사람일 것이다. 이와 같은 사람은 조기 은퇴를 바라더라도 이룰 수 없다. 왜냐하면 눈앞에 놓인 업무에 대한 태도가 부정적인 사람은 조기 은퇴를 실현하기 위한 방법이나 행동을 찾아낼 수 없기 때문이다.

진심으로 하고 싶은 일이 있는 사람은 어떤 행동을 했을 때 자신의 모든 역량을 쏟을 수 있고, 다양한 수입원을 통해 자산을 형성하는 길이 보이기 시작한다. 이를 통해 자신이 좋아하는 일을 하며 살아가는 환경을 손에 넣을 수 있다.

버리기
27

# 성공 경험을
# 버린다

> **못 버리면**    성가신 꼰대가 된다.
> **버리면**      모든 경험을 좋게 받아들일 수 있다.

과거의 성공 경험을 버려야 하는 이유는 간단하다. 시대에 뒤처진 발상에 사로잡히면 환경 변화에 대응할 수 없기 때문이다. 술에 취할 때마다 과거의 무용담을 떠벌리는 사람이나 과거의 영광에만 안주하는 사람에게는 한마디 쏘아붙이고 싶다.

"그렇게 능력이 있다면 지금 당장 성과를 내보세요!"

예전에 상품 선물 거래 회사에서는 톱 영업 사원이 그대로 사장으로 승진하는 케이스가 많았다. 인터넷이 없었던 시절에 고객을 개척하려면 전화 영업을 해야 했기 때문에 톱 영업 사원의 실적은 대개 전화 영업으로 쌓았다. 그러나 최근에는 상품 선물 거래업계에서 전화 영업이 규제되기 시작했다. 그 규제는 조금씩 엄격해져 언젠가는 전화 영업을 더 이상 하지 못하게 될 것으로 예상된다. 이와 같은 영향으로 몇 군데 기업은 영업 방식을 세미나 영업으로 바꿨다. 세미나에 온 고객에게 허가를 받고 영업을 하는 것이다. 혹은 선물 거래 자체를 축소하고 현물인 금이나 백금을 판매하는 방향으로 키를 돌려 살아남으려는 회사도 있다.

전화 영업을 계속 고집하는 회사는 신규 개척을 하는 길이 막히고 타개책도 찾지 못한 나머지 폐업하거나 영업 사원을 대량 해고해 다른 회사에 흡수시켰다. 이로써 10년 전과 비교했을 때 상품 선물 회사의 70%가 소멸되었다.

## 경험에서 응용할 수 있는 부분만을 골라낸다

성공 경험을 버리라는 말은 성공 경험을 완전히 잊어버리라는 뜻이 아니다. 성공 경험에 사로잡혀 과거의 방법에만 매달려서는 안 된다는 뜻이다. 과거의 성공 경험을 어떤 상황에나 기계적으로 적용하는 것이 아니라 성공 경험에서 응용할 수 있는 요소만 골라내서 지혜나 교훈으로 변환하는 것이 중요하다. 그러면 어떤 상황에 과거의 방법을 그대로 사용할 수 있는지, 어떤 상황에 과거의 방법을 약간 수정해서 사용할 수 있는지, 또 어떤 상황에 과거의 방법을 아예 사용할 수 없는지 등을 알 수 있다.

예를 들어, 주택을 분양하려면 어떻게 해야 좋을까? 정보화 시대에 예전 같은 방문 판매는 통용되지 않는다. 요즘에는 인터넷이나 신문에 모델 하우스 광고를 내고 모델 하우스를 구경하러 온 손님에게 영업을 하는 것이 주된 방식이다. 그러나 아직도 방문 판매가 통용되는 상품이나 업계가 있다. 묘지 앞에 세우는 비석은 생활필수품이 아니라서 일상적으로 구입할 일이 없다. 비석처럼 생활용품이 아닌 데다 값비싼 상품을 팔려면 '왜 그 상품을 사야 하는가?' 하는 고객의 구매 동기를 건드려야 한다. 하지만 광고나 DM으로는 고객의 마음을 움직이기 힘들다. 웹 사이트를 만들어본들 대부분의 사람들은 평소에 비석에 관심이 없기 때문에 검색조차 하지 않는다. 그러나 고객을 직접 방문해서 설명한다면 "그러고 보니 시골에 있는 묘지도 오래됐네. 이참에 수선을 좀 해야겠어." 혹은 "다른 묘지보다 돋보이는 비석을 세워야지." 하는 식의 고객 반응이 나와 숨겨진 수요를 발굴해낼 가능성이 생긴다.

또한 고가의 상품일수록 누구에게서 구입하느냐가 중요하다. 처음에는 고객이 일단 상품 설명이나 들어보자는 가벼운 생각이었더라도 여러 번 방문해서 얼굴을 익히고 신뢰를 쌓으면 그 신뢰 관계를 바탕으로 상품이 팔린다. ㅇㅇ라는 판매원은 굉장히 좋은 사람이라서 그 판매원이 추천해주는 물건이라면 사겠다는 동기로 상품을 구입하는 고객도 많다. 상품의 특성이 무엇인지, 고객의 수요가 어디에 있는지, 그 수요를 어떤 방법으로 환기할 수 있는지 등의 지혜와 교훈을 행동에 반영함으로써 과거의 방법을 사용할 수 있는 상황과 사용할 수 없는 상황을 엄격히 구분할 수 있게 된다. 그렇지만 예전에 사용했다가 성공한 방법이라서, 그 방법이 익숙하니까, 전통적인 방법이니까 등의 이유로 종전의 방법에만 매달리면 다른 방법을 받아들이기 힘들어진다. 새로운 방법이나 더 효율적인 방법을 채용할 수 없게 되는 것이다.

과거의 방법에 대한 고집을 버리면 여태껏 시도해보지 않은 방법을 생각할 수 있게 될 뿐 아니라 다른 방법을 시도하려는 원동력도 얻을 수 있다. 결과적으로는 자신에게 감추어진 능력을 더 많이 끄집어낼 수 있고 그만큼 더 발전할 수 있다.

인내를
버린다

> **못 버리면** 쓸데없는 노력이 늘어난다.
> **버리면** 하고 싶은 일을 실현하는 방법을 발견한다.

 

예전에는 인내는 곧 미덕이라는 문화가 있었다. 지금도 이와 같은 인식이 다소 남아 있는 듯하다. 인생의 선배들은 "힘들어도 견뎌야 해. 겨우 그까짓 것을 못 참냐?"라며 설교를 늘어놓기도 한다. 그러나 앞으로는 인내가 필요 없는 사회가 될 것으로 보인다. '밤낮을 가리지 말고 영업을 다녀라, 목표를 달성하기 전에는 회사로 돌아오지 마라'와 같은 식으로 강압적이고 불합리한 업무 지시에도 참아야 하는 시대는 이미 지나가고 있다. 이는 단순히 사회 풍조가 달라졌기 때문만은 아니다. 사회의 인프라도 변하고 있지 않은가.

> **실력만 있으면 싫어하는 사람과
> 일할 필요가 없는 시대다**

　오늘날에는 블로그나 뉴스 레터에 자신의 주장을 글로 쓰면서 생계를 잇는 사람이 많다. 인터넷상에 자신의 일러스트, 사진, 동영상 등을 올려 판매할 수도 있다. 자신의 상품이나 서비스도 간편하게 출시할 수 있는 시대가 되었다. 포털 사이트에서 인터넷 매장을 무료로 개업할 수 있는 것처럼 말이다. 온라인 결제 서비스를 사용하면 누구나 회원제 비즈니스가 가능하다. 인터넷 과외 사이트를 이용하면 누구나 강사가 되어 교육 비즈니스를 전개할 수 있다. 대기업도 적극적으로 개인과 거래하기 시작했고, 일본의 경우 약 300만 원 정도만 있으면 주식회사를 만들 수 있다. SNS의 보급에 의해 일본뿐 아니라 전 세계의 전문가와 소통하며 사람을 따로 고용하지 않고도 팀을 편성해서 커다란 사업을 벌이는 게 가능하다. 공동 사무실과 각종 클라우드 서비스를 이용하면 매우 적은 비용으로도 회사를 운영할 수 있다. 물론 부가 가치를 창출하지 못하면 살아남기 힘들다는 냉혹한 현실은 피할 수 없다. 그러나 싫어하는 사람과 만나지 않고 정말로 좋아하는 일만 하는 것이 가능한 시대임은 분명하다.

## 인내를 강요하는 사람은 도전하지 않는 사람이다

지금 자신이 인내하고 있다고 느낀다면 그 인내하고 있는 상태에 어떤 의미가 있는지, 인내해서 얻을 수 있는 메리트가 얼마나 큰지, 인내하면 어떤 밝은 미래가 기다리고 있는지 생각해보기 바란다. 만일 스스로에게 별 가치 없는 인내라고 느껴진다면 깨끗이 버려라. 당연히 그 책임은 스스로 져야 한다. 극단적인 이야기이지만 입사한 지 일주일 만에 사표를 내도 좋다. 중요한 것은 자신에게 의미가 있느냐 없느냐다.

물론 세상에는 생각과 가치관이 다른 사람이 있고, 거래나 상담을 할 때는 상대방의 주장도 들어야 한다. 다시 말해, 자신의 생각대로만 할 수는 없는 게 일이다. 상대방에게 맞추거나, 자신의 주장을 철회해야 하는 상황도 피할 수 없다. 이는 창업해서 경영자가 되더라도 마찬가지다. 하지만 그것은 인내라고 보기보다는 비즈니스를 원활히 이끌어가기 위한 문제 해결 수단으로서 긍정적으로 보는 편이 타당하다. 불합리한 사항을 참고 견디는 것과는 의미가 사뭇 다르다.

이에 대해 다음과 같은 반론이 나올지도 모른다.

"쉽게 포기해서는 안 되는 거 아닙니까?"

"너무 응석을 받아주면 끈기 없는 젊은 세대가 늘어납니다."

"다들 자기 좋을 대로만 살면 사회가 제대로 돌아가겠습니까?"

"지금 다니는 회사에서 견디지 못하는 사람이 다른 회사에 간다고 해서 잘 해낼 수 있겠습니까?"

하지만 이러한 말을 하는 사람은 대부분 이직 경험이 없어서 잘 모르는 것일 뿐이다. 도전해본 적이 없는 사람 혹은 스스로 환경을 변혁시킬 용기가 없는 사람일수록 자신의 삶을 어떻게든 정당화하려 하고 자신의 인생관과 다른 의견이 나오면 반발하는 법이다.

앞으로는 포기해서는 안 된다는 생각이 점차 줄어들 것이다. 뿐만 아니라 하고자 하면 무엇이든 할 수 있는 환경이 조성되고, 할 수 없는 일도 어떻게든 해결 방법을 찾아낼 수 있게 될 것이다. 이러한 환경을 최대한 활용하면 인내를 최소한으로 줄일 수 있다. 인내를 버리면 더욱 자유롭고 즐거운 인생을 보낼 수 있다. 지긋지긋하다는 생각으로 하루하루를 보낸다면 인생을 헛되이 사는 것과 다름없다.

버리기
29

✂--------------------------------

# 흑백 논리를
# 버린다

| | |
|---|---|
| **못 버리면** | 생각이 멈춘다. |
| **버리면** | 자신의 판단에 근거와 자신감을 가질 수 있다. |

 

나는 강연에서 "빨간불에 길을 건너도 좋습니다."라고 말하는 경우가 종종 있다. 이 말을 듣고 사람들은 흠칫 놀란다. 도로 교통법에는 보행자가 빨간불에 길을 건너면 안 된다고 정해져 있다. 하지만 도로 교통법의 원래 목적은 위험을 방지하고 원활한 교통을 꾀하기 위한 것이다. 따라서 도로의 안전을 저해하지 않고 교통질서를 어지럽히지 않는다면 빨간불에 길을 건너지 말아야 할 이유가 없다. 양쪽을 아무리 살펴도 저 멀리 지평선까지 자동차가 코빼기도 보이지 않는다면 빨간불에 길을 건너도 괜찮지 않을까?

예전에 이러한 이야기를 칼럼으로 써서 인터넷에 올렸더니 무슨 헛소리냐 범죄자가 되라는 소리냐 등의 맹비난을 받았다. 그렇지만 내가 이 주장에 담고 싶은 속내를 알려주면 어느 정도 이해가 되리라 생각한다. '왜 그런 규칙이나 법률이 존재하는가?'와 같은 본질을 이해하지 않으면 규칙에 따르는 것 자체가 목적이 되어버린다. 그러면 규칙을 만든 사람에게 조종당하게 되어 불리한 조건이나 입장으로 몰릴 가능성이 농후하다. 취업 규칙이 대표적인 예다. 취업 규칙은 대부분 기업에 유리하게 만들어지기 때문이다. 게다가 규칙이 현실에 맞지 않는 경우도 생긴다. 기술의 진화와 시대의 변화 등에 의해 예전의 규칙이 현실에 더 이상 맞지 않게 되어 앞으로의 혁신을 방해하기도 한다. 그러므로 더더욱 규칙을 맹목적으로 따르려 하기보다는 규칙의 본질을 생각하고, 때로는 규칙을 의심하고 깨뜨릴 필요가 있다. 그렇기 때문에 나는 누구나 쉽게 이해할 수 있는 예시로서 빨간불에 길을 건너도 좋다고 주장하는 것이다. 당연히 범죄자가 되라고 주장하려는 의도가 아니니 극단적인 오해는 하지 말기를 바란다.

그렇다면 왜 이러한 반응이 나오는 걸까? 나의 주장을 비난하는 사람의 마음속에는 '선/악, 흑/백, 찬성/반대'와 같은 양극단의 판단 기준밖에 없기 때문이 아닐는지? 이와 같은 극단적인 흑백 논리는 곳곳에서 볼 수 있다.

'우정(郵政) 민영화에 찬성하지 않는 사람은 모두 저항 세력이다, 만화책은 학교 도서관에서 완전히 없애야 한다, 신흥 종교 단체는 무조건 나쁘다, 글로벌 사고를 갖추지 않으면 반드시 뒤처진다…'

그런데 현실에는 흑백을 명확히 가릴 수 있는 것보다는 어느 쪽으로도 판단할 수 없는 회색 지대가 많다. 비즈니스

현장에서는 특히 A안과 B안 가운데 어느 한쪽을 고르는 단순한 판단보다는 양쪽의 좋은 점을 조합해서 제3의 안을 내놓는 경우가 대부분이다. 거래처와 교섭을 할 때도 쌍방의 의견을 조율해서 합의점을 찾아나간다.

## 흑백 논리는 생각이 멈췄다는 증거다

현실의 회색 지대에서는 스스로 생각해서 아이디어를 내거나 상상을 통해 행간의 의미를 파악할 필요가 있다. 그러려면 감정을 배제하고 자신의 가치관 또한 잠깐 옆으로 치워놓은 채 객관적인 시점으로 생각해야 한다. 이는 매우 성가신 일이기는 하다. 하지만 남의 의견을 받아들이려 하지 않고 자신의 감정만으로 결론을 내려 하면 양극단으로 편중된 논리가 나타나고 만다. 흑백 논리를 내세우는 사람은 생각이 멈춘 것이라 할 수 있다.

나는 지금까지 돈과 투자에 관한 책을 많이 써왔는데 웬일인지 돈을 벌려면 무슨 짓을 해도 괜찮다는 것이냐는 비판을 자주 받았다. 당연히 나는 무슨 짓을 해도 괜찮다고 말한 적이 없다. 나를 그렇게 비판하는 사람은 돈을 잘 벌지 못하는 자기 자신을 스스로 인정하기 싫어서 '돈을 벌려면 남을 속이거나 위법 행위를 할 수밖에 없다 → 나는 그런 비도덕적인 사람이 되기 싫다 → 그러므로 당신의 의견에 반대한다'라는 논리로 스스로를 위로하려는 게 아닐까 싶다. 남을 속이고 돈을 벌려 하면 금세 인터넷에 소문이 쫙 퍼질 뿐 아니라 심하면 위법 행위가 될 수도 있으니 당연히 해서는 안 되는 일이다.

돈은 본질적으로 고객에게서 감사의 대가로 받는 것이다. 고객의 감사를 받으면 단골이 생기고 지속적으로 일을 받을 수 있다. 단가나 수량도 계속 늘어난다. 그렇게 해서 돈이 벌리는 것이다. 결국 나를 비난하는 사람은 돈을 번다는 게 곧 남에게 가치를 제공한다는 것이라는 사실에까지 생각이 미치지 못한다. 다시 말해, 생각이 멈춘 것과 같다.

## 흑백 논리를 벗어나면 생각이 깊어지고 선택의 폭이 넓어진다

흑백 논리적 발상을 회피할 수 있다면 기회와 선택의 폭이 넓어진다. 예를 들어, 부동산 투자라는 말을 들으면 어떤 느낌이 드는가? 막연히 위험하다고 생각하는 사람이 적지 않을 테지만 원래 부동산 투자 자체는 안전하다 또는 위험하다고 정해져 있는 것은 아니다. 안전한 방법을 취하는 사람과 위험한 방법을 취하는 사람이 있을 뿐이다.

이는 세상의 모든 행위와 사상에도 해당되는 이야기다. 그러므로 '안전하게 돈을 벌려면 어떻게 해야 할까?'라고 생각하는 사람은 부동산 투자로 불로소득을 얻을 수 있는 기회가 생긴다. 그리고 월세 수입이 많아지면 회사를 그만둬도 생활을 꾸려나갈 수 있어 선택 가능한 삶의 방식이 늘어나게 된다. 그러나 처음부터 위험하다고 생각하는 사람은 아무리 좋은 입지의 부동산이 있어도 그냥 지나쳐버린다.

## 반대 의견을 받아들이고 나서 생각한다

어떻게 하면 흑백 논리적 발상에 빠지지 않고 여러 측면으로 생각할 수 있을까? 우선 의식적으로 사물은 늘 다면적이라는 자세를 취해야 한다. 그리고 다채로운 비교의 관점을 갖기 위해 도움이 되는 일은 자신의 의견과 반대되는 주장을 일단 받아들여보는 것이다. 예를 들어, 정기적인 건강 검진이 유익하다고 생각한다면 정기적인 건강 검진은 불필요하다는 반대 의견에도 귀를 기울여본다. 조기 교육을 해야 한다고 생각한다면 조기 교육은 불필요하다고 주장하는 책을 읽어본다.

이렇게 양쪽 의견을 받아들인 상태에서 스스로 생각하고 자기 의견의 근거를 찾는다. 리스크나 단점을 지적당하면 그 문제를 회피하거나 해결할 방법을 고민한다. 이를 거듭함으로써 신중하고 깊은 생각이 몸에 배게 된다. 이것이 합리적인 판단으로 이어지면 결과를 받아들일 수 있는 책임감도 생겨난다.

## 6

# 약한 마음

버리기
30

질투를
버린다

> **못 버리면**  상상력이 떨어진다.
> **버리면**  모든 사람에게서 배울 수 있다.

성공한 사람을 볼 때마다 '어차피 남을 등치면서 돈을 벌었겠지, 얼마 안 가 망할 거야'라고 말하는 사람들이 있다. 동료나 부하 직원이 먼저 승진하면 '아부를 잘 떨었나 보네, 직원을 보는 눈이 없네'라고 험담하는 사람들도 있다. 이와 같이 객관적으로 보면 충분히 좋은 대우를 받을만하다고 평가받는 사람에게 자기도 모르게 질투라는 감정에 사로잡혀버리는 경우가 놀랄 만큼 많다.

질투하는 사람에게는 공통점이 있다. 지는 것을 싫어하면서도 정면으로 승부할 배짱이 없다. 또한 노력해서 상대방을 뛰어넘으려는 향상심이 없으면서도 자신이 부족하다는 사실을 인정하고 싶어 하지 않는다. 이상하게 자존심만 센 경향이 있다. 그래서 남을 깎아내려 자신의 위치를 상대적으로 높이려 한다. 남을 깎아내리는 말을 내뱉기는 쉽다. 노력을 할 필요도 없고, 승부를 걸 필요도 없고, 머리를 쓸 필요도 없으니까 말이다. 마음껏 험담만 늘어놓으면 되기 때문에 질투라는 감정에 쉽사리 빠져드는 사람이 많은 것은 어찌 보면 당연하다.

그런데 질투의 가장 큰 문제점은 다른 사람에게서 배울 기회를 스스로 날려버린다는 데 있다. 남의 성공 요인을 치밀하게 분석할 수 없게 되는 것인데 이는 크나큰 손실이다.

## 네오힐스족의 비즈니스 전략

네오힐스족(인터넷을 활용한 비즈니스로 고수입을 올리는 사업가 - 역주)의 비즈니스 전략은 매우 단순하다. 무료 특전을 마련해서 고객 리스트(이메일 주소)를 모으고 그 이메일 주소로 상품을 판매하는 것이다. 실제로 판매하는 사람은 어필리에이터라고 하는 다른 사람인 경우도 있다. 어필리에이터는 자신의 뉴스 레터, 블로그, 트위터 등으로 상품을 팔아 수수료를 받는다. 물론 네오힐스족 자신도 어필리에이터로서 다른 사람의 상품을 판매한다.

네오힐스족끼리는 끈끈한 네트워크가 형성되어 있어 동료 의식이 강하며 같은 상품을 같은 시기에 판매하기도 한다. 상품을 한꺼번에 시장에 침투시켜 붐을 일으키는 방법으로 판매를 촉진하는 것이다. 이와 같은 네오힐스족의 전략은 사실 전통적인 마케팅 수법이다.

무료 특전으로 고객 리스트를 모으는 수법은 어느 업계에서나 사용된다. "경품에 당첨되셨습니다. 신청하시면 사은품을 드립니다."라고 하며 고객을 유혹하는 방법은 대기업에서 자주 사용하는 상투적인 판매 촉진 방법과 다를 바 없다.

상품을 팔고 수수료를 버는 어필리에이트는 대리점 제도와 같다. 예를 들어, 보험 설계사도 일종의 대리점이다. 보험 회사 대신에 보험을 팔고 수수료를 받는다는 점에서 대리점과 똑같은 구조다. 상품을 한꺼번에 확산시켜 지명도를 단숨에 높이는 일은 광고를 하는 것과 같다. 전철 한 량을 통째로 한 회사의 광고로만 뒤덮어버리는 래핑 광고와 비슷한 면이 있다고 보면 되겠다.

이처럼 네오힐스족의 전략은 일반 기업이 시행하는 여러 가지 마케팅 수법을 인터넷상에서 그대로 전개한다. 네오힐스족의 비즈니스를 하나하나 분해해서 연구하면 자신에게 응용할 수 있는 수법과 아이디어를 잔뜩 발견할 수 있다. 그런데 '네오힐스족은 비정상적인 방법으로 일확천금만 노리는 무리다'라고 질투하느라 바쁜 나머지 그들의 성공에서 아무것도 배우지 못하는 사람들이 많다. 질투는 인간의 학습 능력을 떨어뜨리는 감정이라는 사실을 명심하자.

## 질투는 상상력을 떨어뜨린다

　질투는 인간의 상상력도 떨어뜨린다. 부자에게서 더 많은 세금을 거둬야 한다는 의견에 고개를 끄덕이는 사람들이 많을 것이다. 그러나 우리가 텔레비전을 보고 있을 때도, 잠을 자도 있을 때도, 술자리에서 즐기고 있을 때도 부자들은 남몰래 열심히 일하고 있었다. 이러한 노력 덕분에 부자가 되었다고 상상해본다면 부자에게 무거운 세금을 부과하라는 주장이 무조건 옳지만은 않다는 생각에 이른다.

　하지만 질투에 빠진 사람은 부자가 평범하지 않은 노력 끝에 성공했다는 점을 인정하면, 마치 자신의 무능함과 노력 부족까지 인정해버리는 것 같아서 자존심에 상처가 난다고 여기나 보다. 그래서 부자들의 노력 따위는 상상하고 싶지 않다고 생각하는지도 모른다. 상대방을 폄하하고 험담을 늘어놓거나, '나는 그런 사람한테 흥미 없어.' 하며 무관심한 척하는 것은 자신의 상상력을 스스로 빼앗아 성장의 싹을 잘라버리는 일일 뿐이다. 소중한 재산인 두뇌를 그대로 썩히지는 말도록 하자.

## 질투심을 버리는 방법

나도 질투라는 감정에 쉽게 사로잡힌다. 부동산 비즈니스를 하는 나로서는 지인의 회사가 수십억 원대 물건을 손에 넣었다는 소식을 들으면 질투가 난다. 나는 보험 비즈니스에도 관여하고 있기 때문에 누가 TOT(일류 보험 판매원의 기준으로 연봉 7억 원급) 자격을 땄다는 소식을 들으면 민감하게 반응한다. FX 트레이더로서도 일하는 나는 저명한 투자가가 이번 달에 수억 원의 이익을 냈다는 소식을 들으면 공연히 화가 난다. 나는 세미나 일도 하고 있기 때문에 누가 참가비 150만 원이라는 고액의 세미나를 열었는데 무려 100명이 참가했다는 소식을 들으면 가만히 앉아 있을 수가 없다. 또한 나는 비즈니스 분야 도서를 집필하는 입장으로서 얼굴도 모르는 누군가가 ○만 부 이상의 베스트셀러를 냈다는 소식을 들으면 왠지 분하다.

인터넷에서 이런저런 정보가 순식간에 퍼지면 그 정보를 접하는 많은 사람들이 무기력이나 패배감을 느끼게 된다. 질투심을 긍정적인 힘으로 바꾸는 방법을 익히지 않으면 질투라는 감정에 쉽게 무너지고 만다. 쓸데없는 질투심을 버리고 오히려 앞으로 나아가는 원동력으로 바꾸기 위해 필요한 습관을 소개한다.

> **질투심 없애는 습관 하나.**
> **상대방의 인격에 신경 쓰지 말고 과정에 주목한다**

네오힐스족은 젊어서 성공한 사람이 많아서인지 다소 건방짐이 느껴지는 발언을 하는 경우도 있다. 그들의 인간성에 주목하는 사람은 건방진 태도가 마음에 들지 않아 그들을 쉽게 받아들이지 못한다.

하지만 그들의 성공에서 배울 점이 무엇인지에 초점을 맞추면 상대방의 인간성이 어찌 됐든 상관없어진다. 그들이 친절하든 무례하든, 순수하든 건방지든, 나에게는 아무런 영향도 끼치지 않는다. 인간성은 각자의 개성이라 쉽게 바뀌지도 않을뿐더러 남들이 흉내 낼 수도 없다. 그러므로 성공한 사람의 인격에 신경 쓰지 말고 그들이 성공을 거둔 과정에만 주목해서 배울 점을 찾아내면 그만이다.

> **질투심 없애는 습관 둘.**
> **솔직하게 분함을 표현한다**

분함과 질투는 닮은 듯 다른 감정이다. 질투만으로는 행동이 달라지지 않지만, 분하다는 감정이 섞이면 '지금의 수준으로는 질 수밖에 없어. 이기려면 더 노력해야 해.' 하며 의욕이 높아진다. 자신이 뒤떨어진다는 사실을 스스로 인정하고 상대방이 잘하는 이유를 치밀하게 분석한 후 앞으로 무엇을 해야 할지 결정하고 그대로 행동하자. 그러면 질투심을 성장의 원동력으로 삼을 수 있다.

버리기

31

# 의존심을
# 버린다

| 못 버리면 | 남의 형편에 맞추게 된다. |
| 버리면 | 인생을 원하는 방향으로 돌릴 수 있다. |

인간관계에서 불만이나 불쾌함을 느끼는 가장 큰 이유는 남에게 의존하기 때문이다. 일전에 필리핀에서 석 달 동안 머물렀을 때의 이야기를 소개한다. 내가 어느 일본계 기업의 업무를 도와주고 있었을 때 그 회사에서는 두 일본인 여성이 인턴으로 근무하고 있었다. 20대인 A씨는 인턴으로 일하는 대가로 일본에 귀국한 후 독립해서 그 회사의 일을 수주하기로 약속했다고 한다. 그러나 얼마 후 A씨가 맡기로 예정되었던 사업 자체가 중단되고 말았다. A씨는 무척이나 곤란해졌다. 필리핀에서 인턴으로 일하면서까지 독립 준비를 해야 할 이유가 사라져버렸기 때문이다. 배신당했다고 생각한 A씨는 크게 화를 냈지만 화낸다고 해결될 문제가 아니었다. A씨는 결국 그 분야에서 독립하기를 단념해야만 했다. 또 다른 여성 B씨도 역시 한 투자가로부터 출자를 받는 조건으로 인턴 생활을 하고 있었다. 그런데 갑자기 투자가가 출자해줄 수 없다고

통보했고 B씨도 갈 길을 잃은 채 어찌할 바를 몰라 했다.

　이 두 사람의 공통된 문제점은 남에게 너무 의존했다는 데 있다. 상대방에게 의존하면 상대방 없이는 자신의 미래가 이루어지지 않는다. 자신의 인생 자체가 남의 형편에 좌우된다는 의미다. 마찬가지로 직장인이 회사에 너무 의존하면 앞으로 해고당하거나 회사가 파산했을 때 어찌할 바를 모르게 된다.

> **'의존한다 → 남의 탓으로 돌린다 → 불만이 쌓인다'의 악순환**

　의존심이 강한 사람은 무엇이든 남의 탓으로 돌리는 경향이 있다. 취직하지 못하는 것은 학교 탓이고, 일을 잘 못하는 것은 상사 탓이고, 아이가 제멋대로 구는 것은 배우자 탓이고, 연금이 줄어드는 것은 정부 탓이고, 생활이 빠듯한 것은 사회 탓이라 한다. 무엇이든 남의 탓으로 돌리면 마음은 편할 것이다. 하지만 이는 자신의 상황이 남에게 조종당한다는 것과 같다.

　이는 험담하는 사람의 심리와 비슷한데, 험담하는 사람은 스스로 대책을 생각하지 않기 때문에 자기 마음대로 되지 않으면 금방 불만이나 분노를 터뜨린다. 정부에 의존하면 세금을 쓸데없는 곳에 낭비하는 데 짜증이 나고 재해 대책이 늦는다며 화를 낸다. 회사에 의존하면 일이 생각대로 되지 않았을 때 짜증이 나고 반론에 부딪히면 화가 난다.

## 스스로 책임지고 결정하면 최대치의 역량을 발휘할 수 있다

남들은 자신의 생각대로 움직여주지 않는다. 그렇기 때문에 다른 사람들에게 의존해서는 안 된다. 자신의 힘만으로 헤쳐나가는 것을 전제로 판단해야 한다. 뿐만 아니라 모든 일을 자기 책임으로 여기고 스스로 결정을 내려야 한다. 그러면 자신의 모든 역량을 사용해서 사전에 리스크 대책을 강구하고 문제 해결 방안을 생각할 수 있다.

정부에 대한 의존심을 버리면 연금이 줄어드는 데 대비해 개인연금에 가입하거나 재해에 대비해 안전한 곳으로 이사할 수 있다. 회사에 대한 의존심을 버리면 해고당할 때를 대비해 다른 기업으로 이직할 수 있는 능력을 기르게 된다. 일할 때도 "제 책임입니다. 최종 결과는 제가 책임지겠습니다."라고 말하는 사람이 더욱 신뢰를 받게 되고 진정한 업무의 자유를 손에 넣을 수 있다. 남의 탓으로 돌리는 사람의 입지는 점점 약해지고, 자신의 탓으로 돌리는 사람의 입지는 점점 강해진다.

> ## 책임지려는 자세가 최강의 입지를 가져다준다

최강의 입지를 얻는 방법은 별다를 게 없다. 스스로 생각하고, 스스로 판단하고, 스스로 결과를 책임지면 그만이다. 의존하는 사람은 스스로 생각하지 않는다. 스스로 생각하고 판단하지 않기 때문에 남들의 발언에 휩쓸려 남들에게 의존할 수밖에 없다. 스스로는 아무 대처법도 생각하지 않기 때문에 무슨 일이 생길 때마다 남들을 비난하는 일밖에 하지 못한다.

남들이 하는 말에 귀를 기울이는 것은 중요하지만 그것은 어디까지나 자신의 판단을 위한 재료에 불과하다. 여러 정보를 수집하고 스스로 장단점을 분석해야 한다. 그리고 어떻게 하면 리스크를 회피할지, 만약 리스크가 일어나면 어떻게 대처해야 할지 고민한다. 리스크를 회피할 수 있거나, 리스크를 스스로 책임질 수 있거나, 장점이 단점보다 많을 때는 행동을 위한 결단도 스스로 내려야 한다. 또한 욕심에 눈이 멀어 목돈의 운용을 남에게 맡기면 투자 사기를 당할 우려가 크다. 자기 돈은 되도록이면 자기 손에 쥐고 있어야 한다. 나도 더 이상 누군가에게 출자해주거나 돈의 운용을 맡기지 않는다. 직접 투자를 할 수 없는 신흥국에 대해서는 투자 신탁을 사기도 하지만 기본적으로는 직접 운용한다는 원칙을 가지고 있다.

남의 행동에 자신의 생활이 좌우되는 일이 줄어들면 늘 평온한 마음으로 지낼 수 있다는 사실을 명심하자.

버리기

32

분수를
버린다

> **못 버리면** 시대와 환경의 변화에 뒤처진다.
> **버리면** 현재 가지고 있는 능력의 한계를 돌파할 수 있다.

분수라는 개념은 성장을 저해하는 요인이 되기도 한다. 왜냐하면 스스로 자신의 한계를 정해버리고 도전을 피하게 만들기 때문이다.

"제 실력으로는 벅찬 일입니다."

"그 정도가 제 분수라고 생각합니다."

이와 같은 판단은 과연 옳을까? 예전에 정해둔 자신의 한계를 몇 년이 지난 지금까지도 바꾸지 않고 질질 끌고 있는 것은 아닐는지? 달라질 용기를 내지 못하는 사람을 위해 자신의 한계를 버리는 방법을 소개한다.

### 한계 버리는 법 하나. 약점을 버린다

자신감이 없는 부분, 약점이라고 느껴지는 부분이 있으면 아무래도 주저하게 될 수밖에 없다. 그러나 스스로 약점이라 생각하는 부분이더라도 반드시 강점으로 바꿀 수 있다.

예를 들어, 나는 말수가 적어 회사에서 "사장님은 무슨 생각을 하는지 모르겠어요."라는 말을 자주 듣는다. 이는 확실히 내 약점이라 생각한다. 그런데 어느 날 고객에게서 "재잘재잘 떠드는 사람은 믿을 수가 없어요. 그런데 고도 씨는 쓸데없는 이야기를 하지 않고 요점만 콕 집어 말해주니 믿음직해요."라는 말을 들었다. '그럴 수도 있겠군.' 하고 막연히 생각하던 즈음에 한 여성 바둑 기사의 인터뷰를 읽고 문득 깨달은 바가 생겼다. 그 여성 기사는 어렸을 때부터 자신이 연예인이 될 수 있을 만큼 예쁘다고 생각했다고 한다. 그러나 자신과 비슷한 비주얼은 연예계에 널려 있기 때문에 연예인이 되더라도 쉽게 주목받지는 못하리라 여겼다. 그래서 자신의 외모가 제대로 빛날 수 있는 분야를 찾다가 뛰어든 곳이 바둑계였다. 바둑계는 애초에 여성이 적은 분야이기 때문에 젊은 여성은 그 자체로도 눈에 띈다. 조금만 꾸미면 미녀 바둑 기사라는 타이틀을 얻고 인기를 끌 수 있을 것 같았다고 한다. 나는 그 인터뷰를 읽고 얼마 전 고객이 한 말을 이해할 수 있었다. 직원을 관리하는 입장에서는 말수가 적은 게 약점이지만 고객을 상대로 프레젠테이션을 할 때는 강점이 된다. 즉, 상황에 따라 단점이 장점으로 바뀔 수 있다.

한 배우 지망생은 어렸을 때 키가 큰 것이 고민이었지만 배우를 준비하면서 큰 키가 라이벌을 압도하는 빼어난 강점임을 깨달았다고 한다. 한 가정 교사는 삼류 대학 출신이라는 과거가 결점이라 생각했지만 가정 교사로 일하다 보니 입시 공부를 하면서 힘들었던 부분을 누구보다 잘 이해하고 있다는 점이 평균보다 뒤떨어지는 학생을 지도하는 데 큰 도움이 되는 강점임을 알게 되었다고 한다. 이처럼 단점이 장점으로 바뀌는 예는 무수히 많다. 만약 아무도 자신을 필요로 하지 않는다는 소외감을 느낀다면 자신의 결점을 필요로 하는 곳이 어디인지 찾아보자.

## 한계 버리는 법 둘. 강점을 버린다

반대로 자신의 강점을 버리는 방법도 있다. 자신이 잘한다고 생각되는 일, 자신감이 있는 일을 일단 버린다. 자신의 강점에만 집착하면 자신의 재능이 꽃필 가능성이 있는 다른 분야에 도전하지 못한 채 일생을 허비해버릴 수 있기 때문이다.

나는 부동산 투자와 FX가 특기라고 생각해 오랫동안 투자 신탁에 대한 투자를 피해왔다. 투자 신탁은 고비용 구조인데다 레버리지가 잘 듣지 않고, 기본적으로 경기 회복이라는 하나의 방향으로만 이익을 얻을 수 있기 때문이었다. 그러나

2013년 아베노믹스 버블이 붕괴되고 신흥국 통화가 폭락된 것을 기점으로 투자 신탁 적립에 도전했다. 1년 후 매월 분배형 투자 신탁을 중심으로 연이율 20% 이상으로 운용하게 되었다. 앞으로 어떻게 될지는 알 수 없다. 하지만 의외로 견실하게 운용할 수 있음을 깨닫고 책을 쓰거나 강연을 할 때 이야깃거리로 자주 활용한다. 만일 내가 부동산 투자와 FX에만 집착하고 있었다면 얻지 못했을 분야의 소재라 할 수 있다.

## 버리면 새로운 능력을 발견할 수 있다

시대와 환경의 변화에 대응한다는 의미에서도 지금까지의 강점을 버리고 새로운 분야에 진출하는 것이 살아남는 데 매우 중요하다. 개인적인 차원에서는 이직을 통해 업계나 직종을 바꾸는 것이 이에 해당한다. 하지만 일반적으로는 자신이 오랫동안 종사해왔던 업계나 직종을 버리기에는 매우 큰 용기가 필요하다. 지금까지 쌓아왔던 지식, 경험, 인맥을 활용하지 못할지도 모른다는 공포도 생긴다. 또한 처음부터 다시 시작해야 한다는 데 대한 번거로움도 있다.

하지만 진지하게 해나간다면 지금까지의 경험을 반드시 활용할 수 있다. 어떤 분야에서든 성공의 핵심에는 공통점이 많기 때문이다. 일례로, 고급 자동차 영업으로 실력을 쌓은 사람은 아파트 분양이나 보험 판매도 잘 해낼 수 있다. 나도 FX나 부동산 투자를 하면서 쌓은 경험을 살려 투자 신탁에 뛰어들었다. 부동산 투자처럼 이율이 높고 안정적인 상품이라면 어떤 거래든 문제없다. FX처럼 쌀 때 사고 비쌀 때 팔면 이득을 본다는 논리는 어디서나 통용된다.

## 재능을 핑계로 사용하지 않는다

자신의 한계를 정하고 포기해버릴 때 재능이라는 표현을 자주 사용한다.
"저는 그런 재능이 없어요."
"그 사람은 재능을 타고났어."
하지만 실제로 재능이 없는 게 아니라 자신의 재능을 발휘할 수 있는 분야를 찾지 못한 것일 뿐이다. 어쩌면 재능을 개발하는 방법이 잘못되었는지도 모른다. 아직 노력이 부족해서 일정 수준에 도달하지 못한 단계에 불과한데도 재능을 이유로 포기해서는 안 된다. 타고난 능력이 무엇인지 특정하고 그 능력을 발휘할 수 있는 분야를 찾기란 좀처럼 쉽지 않다. 그러므로 재능은 하늘에서 내려주는 것이라는 발상을 버리고, 재능은 목적 달성을 위해 적절히 노력할 수 있는 힘이라 정의하는 편이 좋다.

꿈은 자신을 배반하지 않는다. 배반은 자기 스스로 하는 것이다. 도전해보지도 않고 분수에 맞지 않은 일이라며 포기하는 것은 다름 아닌 자기 자신이다. 벽에 부딪힐지도 모르고, 힘에 부칠지도 모르고, 지긋지긋해질지도 모른다는 공포에 떨며 변화를 거부하는 자기 자신과 싸워야 한다.

버리기
33

# 콤플렉스를 버린다

| 못 버리면 | 소극적인 발상밖에 하지 못한다. |
| 버리면 | 콤플렉스가 비즈니스의 강력한 무기가 된다. |

 

콤플렉스를 오해하면 스스로의 가능성을 놓칠 위험성이 있다. "어차피 나는 안돼." 하며 비굴해진다. "다들 나를 이상하게 보겠지." 하며 소극적으로 바뀐다. "어차피 그 사람을 뛰어넘을 수 없어." 하며 질투의 화신이 된다.

콤플렉스는 무기가 된다는 이야기를 소개한다. 나도 솔직히 콤플렉스 덩어리다. 나는 자산이 몇 십억 원이나 되고 책도 여러 권 냈다는 이유로 성공했다는 말을 자주 듣지만 이는 표면적으로 보이는 모습일 뿐이다. 실은 나도 콤플렉스를 잔뜩 떠안고 있고 불안도 느낀다.

### 콤플렉스는 재산이다

요즘에는 콤플렉스가 크나큰 재산처럼 여겨진다. 예를 들어, 2007년에 시작한 보이스 트레이닝 스쿨 비지보는 내 콤플렉스를 오롯이 살려 출범시킨 사업인데 매출이 괜찮은 편이다. 나는 세미나 자리에서 이야기할 기회가 많은데, 쉽게 목이 칼칼해지고 목소리가 잠겨 발음이 나빠진다는 고민이 있었다. 그래서 개선 방법을 모색하다 한 가지 사실을 문득 깨달았다. 노래를 잘 부르기 위한 보이스 트레이닝 교실은 도처에 널렸는데, 이야기하는 목소리를 개선하기 위한 보이스 트레이닝 교실은 당시 전국에 두 군데밖에 없다는 사실이었다. 나는 그중 규모가 큰 교실에 두 달 동안 다녔지만 전혀 개선되지 않았다. 그러던 가운데 우연히 만난 여성 음악가 아키타케 씨에게 고민을 털어놓았더니 그녀는 나에게 간략한 조언을 해줬고 내 목소리는 완전히 달라졌다. 그래서 나는 "저처럼 목소리 때문에 고민하는 사람이 많습니다. 함께 보이스 트레이닝 사업을 해보지 않겠습니까?" 하고 그녀에게 제안해 공동으로 사업을 시작하게 되었다. 내 생각은 다행히 잘 들어맞아서 어른, 아이 할 것 없이 목소리 때문에 고민하는 사람이 몰려들어 지금까지 성황을 이루고 있다.

## 다양한 콤플렉스가 시장을 만든다

나는 학생 시절부터 오랫동안 가난하게 살았기 때문에 돈에 대한 콤플렉스가 있다. 금전적인 면에서는 고생하고 싶지 않고, 돈을 많이 벌고 싶다는 생각이 강하다. 그래서 자산 형성을 위해 투자를 시작했고 투자에 관한 뉴스 레터를 발행하기 시작했다. 이를 읽은 출판사에서 책으로 출판해보는 게 어떻겠냐는 제안을 했고, 돈과 투자에 관한 내 글은 널리 읽히게 되었다.

그 외에 영어를 못한다는 것도 큰 콤플렉스였다. 미국 공인 회계사 자격을 따고 외자계 기업에서 4년 동안 근무했지만 영어가 전혀 입에 붙지 않았다. 어느 정도 알아들을 수는 있었으나 말이 잘 나오지 않았다. 이러한 나를 바꾸고 싶어 42세의 나이에 필리핀 세부로 영어 연수를 떠났다. 첫 일주일 동안은 말이 통하지 않아 힘들었지만 서서히 익숙해졌고, 한 달이 지나자 영어로 이야기할 수 있겠다는 자신감이 생겼다. 필리핀에서의 체험과, 영어로 외국인과 대화를 할 수 있다는 감동을 널리 전하고 싶어 세부 영어 유학 대리점까지 설립했다.

내 주변에는 각자의 콤플렉스를 사업화한 사람들이 많다. 피부가 거칠어 고민하던 사람이 미용 사업을 시작했고, 아이가 아토피로 고생하는 것을 지켜보던 사람은 아토피 관련 상품으로 인터넷 쇼핑몰을 만들었다. 말주변이 없어 영업에 서툴렀던 사람은 영업 컨설팅 사업을 시작했다. 결혼하고 싶은데 좀처럼 이성을 만나지 못했던 사람은 결혼 중개업을 시작했다. 이혼해서 괴로워하던 사람은 이혼 상담업을 시작했다.

이처럼 콤플렉스는 시장을 만든다. 가발, 탈모 치료, 다이어트, 미용 성형, 영어 회화, 결혼 중개는 모두 콤플렉스 비즈니스다. 물론 알다시피 하나같이 거대한 시장이기도 하다.

## 아픈 사람일수록 콤플렉스를 고민한다

콤플렉스를 비즈니스로 만든다는 선택은 대부분의 사람들에게 현실적이지 않을 것이다. 그러나 나는 설사 비즈니스가 되지 않는 콤플렉스이더라도 전혀 신경 쓰지 않는다. 결국 콤플렉스는 자기 혼자만의 생각일 뿐이며, 사람들은 남의 콤플렉스에 관심이 없다는 사실을 깨달았기 때문이다. 친구에게 "요즘 나 살 좀 찐 것 같지 않아?"라고 말해도 "그러고 보니 그런 것 같기도 하고." 하는 뜨뜻미지근한 대답만 돌아온다. "요즘 나 흰머리가 는 것 같아."라고 말하면 "마흔이 넘었으니 당연하지."라고 아무렇지도 않다는 반응을 보인다. 자신이 생각하는 것만큼 남들은 당신에게 관심이 없다. 지금까지 내가 써놓은 나의 콤플렉스 이야기를 별 감흥 없이 읽은 사람들도 많을 것이다.

콤플렉스에 관한 대부분의 고민은 사실 아무 데도 존재하지 않는, '남들이 나를 이상하게 여기지 않을까?' 하는 망상에서 기인한다. 다시 말해, 보는 사람이 아무도 없는데 괜히 혼자 북 치고 장구 치다가 힘들어 쓰러지는 격이다. 솔직히 자의식 과잉이고 더 정확히 말하면 도끼병이다. 콤플렉스는 내면에 숨기면 비굴해지지만 외부로 드러내면 개성이 된다. 모든 것에는 양면성이 있으므로 자신이 가진 약점도 강점으로 바꿀 수 있다. 지금 당장 콤플렉스를 버린다면 긍정적인 힘이 솟아날 것이다.

버리기

34

근심거리를
버린다

> **못 버리면**　쓸데없이 시간과 기력을 빼앗긴다.
> **버리면**　해야 할 일을 찾을 수 있다.

　지금 당신을 불안하게 하는 것은 무엇인가? 돈, 일, 결혼과 출산, 노후 설계, 업무 미팅 혹은 주말의 결혼식 사회일 수도 있겠다. 하지만 걱정한다고 해서 나아지는 것은 없다. 아직 일어나지도 않은 미래의 일이고 어떻게 될지 알 수 없기 때문이다. 일어나지도 않은 일을 고민하는 것은 단순한 망상이다. 시간과 기력만 빼앗길 뿐 긍정적인 힘이 생겨나지 않는다.

　불안을 떨칠 수 있는 것은 문제 해결을 위한 구체적인 행동이다. 프레젠테이션을 잘할 수 있을지 걱정되면 그 불안을 떨치기 위해 연습하는 수밖에 없다. 자료를 깔끔히 만들고 예상 질문에 대한 대답을 준비해둔다. 동료나 상사 앞에서 모의 프레젠테이션을 해보고 지적을 받아도 좋다. 비디오로 찍어서 잘못된 버릇을 수정하는 것도 한 방법이다. 주의를 집중시키는 제스처와 함께 서류를 보지 않고 웃는 얼굴로 말할 수 있도록 몇 번이고 연습한다. 이렇게 철저히 준비해야만 비로소 불안이 사라지고 자신감이 생긴다. '이 정도 연습했으니 됐어.' 하고 스스로 납득할 수 있다.

하지만 이와 같은 구체적인 대처법이 떠오르지 않는다면 그 불안은 그저 막연한 불안이다. 자신이 무엇을 왜 불안해하는지 정확히 파악할 수 없는 상태인 것이다. 이래서는 해결 방법이 떠오르지 않아 불안이 사라지지 않는다. 그러므로 일단 불안의 정체를 구체화해서 드러낼 필요가 있다.

### 불안을 드러내 과제로 바꾼다

노후의 불안은 왜 생겨나는 것일까? 돈 때문일까, 건강 때문일까, 고독 때문일까? 만약 불안의 정체가 돈이면 연금 회사를 방문해서 자신이 상정하는 노후의 생활 수준을 유지하는 데 필요한 연금 지급액을 계산해보면 된다. 확정 추렴 연금, 개인연금, 양로 보험 등 부담이 적은 준비 방법을 고민해본다. 혹은 정년퇴직 후에도 일을 계속할 수 있도록 지금부터 부업을 시작하자. 불안의 정체가 건강이면 병에 걸리지 않도록 식생활과 생활 습관을 개선한다. 그리고 스트레스가 많은 환경을 피한다. 불안의 정체가 고독이면 아이를 낳거나 같은 취미를 즐기는 친구를 만드는 등 늙어서 혼자 지내지 않는 방법을 생각해본다.

　이처럼 구체적인 행동으로 이어지는 방법을 떠올리면 불안은 과제로 바뀐다. 그 과제를 해결하기 위해 조금씩 행동으로 옮김으로써 불안을 점차적으로 희석시킬 수 있다.

## 우선순위를 정하면
## 별것 아닌 불안이 무엇인지 알 수 있다

　불안의 정체를 밝혀내고 보면 그 불안이 사실 주변에서 부추긴 것이거나 자신에게는 그다지 걱정거리가 아닌 경우가 있다. 예를 들어, '혹시 나 결혼 못하는 거 아닐까?' 하고 진심으로 고민한다면, 지금까지 연애에 실패했던 이유를 분석하고 이를 바탕으로 열심히 결혼 상대를 찾아다닐 것이다. 그런데 결혼하고 싶다고 노래를 부르면서도 집 안에만 틀어박혀 있거나 집과 회사만 왔다 갔다 하는 생활에 변화를 주지 않는다면 사실 마음속으로는 결혼을 바라지 않는 것이다. 이 경우 결혼하지 못하는 불안은 남들이 부추긴 불안일 수 있다.

　지진이 일어나는 게 걱정이라면 지진 보험에 들고, 내진 보강 공사를 하고, 지진 피해가 적은 지역으로 이사를 하는 등의 방법이 있다. 꼭 그렇게까지 할 필요가 있나 싶으면 이유를 생각해보자. '일이 있으니까 이사를 못 간다, 비용이 든다'라는 이유라면 지진의 불안을 해소하는 것보다 직장과 돈을 더 우선시한다는 뜻이므로 지진에 대한 불안의 우선순위는 낮다고 할 수 있다. 정말 불안하다면 직장을 바꾸는 한이 있더라도 혹은 빚을 지는 한이 있더라도 지진에 대비했을 것이다.

극단적인 예를 들면, 이번 달 안으로 미국으로 이사하지 않으면 가족이 모두 살해당한다는 상황이라면 회사를 그만두고 집을 팔아서 무조건 미국으로 이사할 것이다. 영어도 필사적으로 공부하고 현지에서 취업 활동도 할 것이다.

해야 한다고 생각하지만 행동으로 옮기지 못하는 혹은 행동으로 옮기지 않는 불안은 우선순위가 낮은 근심거리이므로 고민해봤자 힘만 빠진다. 이러한 불안은 그냥 무시해도 된다. 그러면 고민하느라 낭비되는 시간과 기력을 줄일 수 있다. 늘 불안에 떨며 살아갈 필요도 없어질 것이다.

버리기
35

# 정의감을 버린다

> **못 버리면** 시야가 좁아지고 고집이 세진다.
> **버리면** 다양한 해결책을 발견할 수 있다.

 

흔히 정의감이 강한 사람은 올바르고 바람직한 사람으로 여겨진다. 하지만 사실 정의감이 강한 사람일수록 주변에서 소외되고 기회를 놓치는 경향이 있다. 그 이유는 자신의 생각을 정의라 믿을수록 남의 행동을 고깝게 바라보기 때문이다. 자신과 다른 가치관이나 행동은 나쁘다고 판단해서 비난하고, 상대방의 행동을 고치려 든다. 정의감은 어쩌면 단순히 자신의 가치관을 강요하는 것에 불과할지도 모른다.

그러므로 "당신은 정의감이 강한 사람이군요." 하는 말을 들으면 기뻐하기보다는 오히려 위험하다고 여기는 편이 낫다. 정의감이 강하다는 평을 받는 사람은 어찌 보면 고집이 센 사람, 나쁘게 말하면 자신의 가치관에 맞지 않는 것을 참지 못하고, 상대방을 비판하고 강압적으로 바꾸려 드는 사람이다.

## 블랙 기업은 정말 나쁜가?

블랙 기업(법령에 어긋나는 조건의 노동을 직원에게 일상적으로 강요하는 기업 - 역주)을 용납할 수 없다는 생각은 과연 정의로울까? 일본 후생성이 발표한 과로사 라인에 따르면 잔업 시간이 월 80시간이면 과로사의 위험이 있다고 한다. 월 80시간 잔업은 한 달 근무일이 20일일 경우 하루에 4시간 잔업했을 때 나오는 수치다. 하지만 당연히 이는 모든 사람에게 공통되는 기준은 아니다. 과로사 라인 미만으로 잔업을 했는데 몸 상태가 급속히 나빠지는 사람이 있는 반면, 나처럼 컨설팅 업계나 투자 은행업계에서 월 200시간 이상의 잔업을 했는데 쌩쌩한 사람도 있다.

비즈니스에서는 사용한 시간보다는 산출된 가치가 중요하기 때문에 무급으로 잔업을 하는 한이 있더라도 자신의 능력을 키우는 편이 성공하는 인재가 되는 데 장기적인 면에서 좋다고 생각한다.

창업한 지 얼마 지나지 않은 벤처 기업은 대부분 블랙 기업이다. 사장을 비롯한 모든 직원이 집에 돌아가지 못한 채 쉬지 않고 무섭게 일한다. 창업하자마자 정시 퇴근을 하면 과연 대기업이 북적이는 시장에서 살아남을 수 있을까? 잔업 수당은 기본급의 25%를 추가로 더 지불해야 하는데 과연 벤처 기업에 그럴만한 여력이 있을까? 벤처 기업은 돈이 되는 일이면 무조건 많이 해야 한다. 회사에 돈이 없기 때문에 소수의 직원으로 모든 일을 처리해야 한다. 그렇다고 질을 떨어뜨리면 시장에서 이길 수 없으므로 질과 양을 모두 중시해야 한다. 할 일이 쌓여 먹지도 자지도 않고 일에만 몰두한다. 이 과정에서 성장하는 사람이 있고, 그만두는 사람도 있다. 밀려나는 사람도 있고, 경험을 살려 창업하는 사람도 있다. 이와 같은 벤처 기업의 존재는 국가 경제에 활력을 불어넣는다.

해외로 눈을 돌려보면 유럽인이든 아시아인이든 세계의 엘리트층은 믿을 수 없을 만큼 맹렬히 일한다. 일본이 그들보다 느슨하게 일할 것을 장려한다면 압도적인 국력의 차이가 발생하고, 일본은 가난한 나라로 전락하고 말 것이다. 외국의 사정을 잘 아는 국내 글로벌 기업의 경영자는 커다란 위기감을 느끼고 있다.

달리 생각하면 정시 퇴근, 잔업 제로, 높은 대우로 대표되는 화이트 기업이 이 환경을 유지할 수 있는 것은 폭리를 취하기 때문이다. 나쁘게 말하면 고객에게 바가지를 씌우기 때문이다. 화이트 기업에 들어가고 싶다는 말은 고객을 등쳐 먹는 회사에 들어가고 싶다는 말과 다를 바 없을지도 모른다.

이와 같이 생각해보면 장시간 노동, 무급 잔업, 저수입이라는 표면적인 모습만으로 블랙 기업으로 치부해서 배척하려 하는 게 과연 사회 전체적으로 올바른 일인지 의문이다.

어디까지나 하나의 예에 지나지 않지만, 어쨌든 정의감이 강한 사람은 자신의 생각에 너무 집착하는 나머지 시야가 좁아질 가능성이 높다는 점을 주의해야 한다.

## 정의는 입장에 따라 달라진다

정의는 시대, 입장, 환경에 따라 달라지므로 단편적으로 판단하지 않도록 해야 한다. 이야기를 하나 소개한다.

지하철 안에서 세 아이가 뛰어다니며 소란을 피웠다. 그러나 아버지로 보이는 남성은 바닥만 바라보며 아이들을 방치하고 있었다. 옆에서 보다 못한 한 여성이 "아이들이 소란을 피우고 있는데 가만 놔두시면 안 되죠. 사람들이 다들 싫어하잖아요."라고 살짝 귓속말을 했다. 그러자 그 남성은 문득 정신을 차린 표정으로 이렇게 대답했다.

"죄송합니다. 몰랐습니다. 방금 부인이 병원에서 세상을 떠나서 정신이 하나도 없네요."

그 말을 들은 여성은 말문이 막혀버렸고 무책임한 아버지와 제멋대로 구는 아이들이라는 인상은 부인을 먼저 보내고 망연자실한 남편과 엄마의 죽음을 이해하지 못하는 가엾은 아이들로 바뀌었다.

어떤 상황을 자기만의 윤리관으로 판단하고 타인에 관해

이러쿵저러쿵 이야기하는 것은 어리석은 짓이다.

## 발언의 근거를 설명할 수 없는 사람은 무시해도 좋다

자신과 다른 가치관을 존중하는 방법에는 두 가지가 있다. 첫째, 주술적인 방법이다. 상대방의 발언이나 행동에 대해 무조건 "그렇군요!" 하고 맞장구를 쳐주는 방법이다. 그러면 뇌는 자동적으로 상대방의 언동에서 정당성을 찾으려 한다. 예를 들어, 당신이 일본의 집단적 자위권 행사에 반대하는 입장이라 치자. 당연히 일본 정부의 입장이 마음에 들지 않을 것이다. 하지만 자기 마음에 들지 않는다고 해서 수상 관저 앞에서 데모를 하는 대신에 일단 '그렇구나. 집단적 자위권 행사가 필요하다는 말이구나.' 하고 생각해보자. 그러면 '그렇구나. 확실히 지금까지는 친구가 얻어맞아도 못 본 척해야 했구나.' 혹은 '그렇구나. 비행기가 격추되기 전에 아무것도 하지 못한다면 조종사의 생명이 위험해지겠구나.' 하고 찬성파 쪽 주장의 정당성을 찾음으로써 반대편의 의견에 찬동하지는 못하더라도 적어도 이해할 수는 있게 된다.

둘째, '이 사람은 왜 이런 말을 할까?' 하고 배경을 통찰하려 하는 방법이다. 예를 들어, 사랑도 돈으로 살 수 있다는 말을 들으면 대부분의 사람은 말도 안 되는 소리라고 반발할 것이다. 이때 이 발언의 배경이 무엇인지를 생각한다. 모르겠으면 인터넷으로 찾아보자. 그러면 결혼 상대로 인기를 끄는 사람은 경제력을 갖춘 사람이고, 애정을 유지하는 데 돈이 필수라 생각하는 사람도 적지 않다는 사실을 이해할 수 있다.

대화를 하는 도중에 이해하지 못하는 부분이 있으면 그 자리에서 곧바로 "왜 그렇게 생각하세요?"라고 물어보는 것도 좋다. 가정 환경이나 경험으로 자연스럽게 형성된 가치관은 남에게 설명하기 힘들지만, 제대로 말로 설명할 수 있는 사람은 그 주장에 합리성이 있다고 할 수 있다. 그런데 당연할 사실을 왜 묻느냐는 식의 반응만 보이며 논리적으로 설명하지 못하는 사람의 주장은 아무런 근거가 없기 때문에 무시하는 편이 낫다. 근거가 없으면 검증도 할 수 없기 때문에 그 사람은 기본적으로 자기 발언에 책임을 지지 않는 사람이다. 무책임한 사람과는 무슨 이야기를 나누든 별 의미가 없으니 무시하고 지나치자.

버리기
36

다른 사람이 만든
성공 기준을 버린다

| 못 버리면 | 사회나 타인의 기준에 얽매인다. |
| 버리면 | 성공의 기준을 나름대로 정의 내릴 수 있다. |

성공이라는 말은 '잘나간다, 돈을 많이 번다, 행복해진다'라는 의미까지 포함하는 모호하면서도 매우 편리한 말이므로 나도 자주 사용한다. 그러나 나는 성공에 대한 집착을 버리라고 제안하고 싶다. 더 구체적으로 말하면 남이 만들어놓은 성공의 기준을 버리라고 말하고 싶다. 수입, 자산, 지명도 등 세상에서 흔히 사용되는 성공의 척도는 개인적으로는 성공을 구성하는 한 요소에 불과하기 때문이다.

### 성공한 사람은 성공했다고 자각하지 않는다

일반적으로 겉으로 드러난 부분을 보고 성공했다 판단하기 마련이다. 하지만 성공했다고 여겨지는 사람이 스스로 성공했다고 생각하는지는 아무도 알 수 없다. 지인 가운데 심리 상담가로 크게 성공해서 일본 전역에 열 개 지점을 낸 여성 기업가가 있다. 그런데 잘나가는 부인이 부담스러웠는지 연하의 남편은 그녀에게 이별을 통보하고 결국 이혼하게 되었다. 대대로 물려받은 식품 제조사를 운영하는 또 다른 지인은 자산이 수백억 원에 이르지만 전통을 지키면서 혁신도 지속해야 한다는 스트레스가 커 마음 다스리기 세미나를 전전하고 있다. 젊은 동료 가운데 베스트셀러 작가가 있는데 그는 아이가 생기지 않아 고민하고 있다. 형제는 이미 다른 가정을 이루었기 때문에 나중에 부모님이 돌아가시고 배우자까지 세상을 뜨면 혼자 남을까 봐 걱정이 크다.

이러한 사람이 과연 성공했다고 할 수 있을까? 나도 성공했다는 말을 듣는 편인데 나 역시 성공했다는 마음이 들지 않는다. 지금의 상황이 얼마나 지속될지 모르는 불안은 항상 따라다니고 아이를 어떻게 교육시킬지도 난감하다. 수입이나 자산만을 비교한다 해도 나보다 더 잘 버는 사람이 얼마든지 있다. 나는 평생 놀면서 생활할 수 있을 만큼의 여유는 없으니까 말이다.

### 자기만의 성공 기준을 정한다

돈은 수치화할 수 있으니 기준으로 삼거나 이해하기 쉽

다. 하지만 결국 돈만으로 성공하거나 행복해진다고 단정할 수는 없다. 성공한 것처럼 보이더라도 실제로 본인이 성공했다 느끼는지 아닌지는 표면적으로 드러나지 않기 때문에 언론에서 다루는 성공이라는 미끼에 무턱대고 달려들지 않도록 조심해야 한다. 성공을 위한 책, 성공을 위한 정보, 성공을 다루는 세미나와 스터디, 성공에 빼놓을 수 없는 도구와 디지털 기기 등의 광고는 대부분 헛된 구호다. 왜냐하면 이는 다른 사람의 성공 기준을 바탕으로 사람을 유혹하는 상품이기 때문이다. 투자든 프랜차이즈 비즈니스든 결국 돈을 버는 사람은 그 시스템에 참가하는 사람이 아니라 그 시스템을 만드는 사람이나 기업임을 기억하자.

자신만의 성공을 정의하면 다른 사람을 부러워할 필요도 없고, 사기성 짙은 정보에 낚일 우려도 없고, 남의 말에 일일이 조바심을 낼 필요도 없고, 질투할 필요도 없다. 그저 묵묵히 자신이 해야 할 일에 집중할 수 있다. 어떻게 하면 자신만의 성공 기준을 찾을 수 있을까?

자기 자신이 납득할 수 있는 상태, 후회하지 않는 일, 만족도가 높은 일, 웃으며 할 수 있는 일, 충실감을 느낄 수 있는 일 등을 기준으로 찾으면 된다. 그 기준은 사람마다 다르다. 예를 들어, 쉬지 않고 열심히 일하는 자신을 대견스러워하는 사람이 있는 반면, 일을 어느 정도 끝내면 여행을 떠나는 등 생활에 변화가 있어야 즐거움을 느끼는 사람도 있다. 덧붙여,

내가 정의하는 성공은 오랫동안 웃을 수 있고, 다른 사람들에게서 감사의 인사를 받을 수 있고, 성취감을 느낄 수 있고, 과정 자체를 즐길 수 있고, 밤에 만족스럽게 잠을 청할 수 있고, 아침에 두근거리며 잠을 깰 수 있는 일을 하는 것이다.

'○○억 원 모으면 성공' 식의 자산 규모를 성공의 기준으로 삼으면 안 된다. 나는 돈을 모으는 일에는 흥미가 없다. 돈은 보람 있게 벌고 즐겁게 사용하는 편이 중요하다고 생각한다. 돈은 저장되는 존재가 아니라 끊임없이 흘러가는 존재다. 분명히 내 기준 역시 당신의 기준과는 다르겠지만 참고 정도는 할 수 있지 않을까.

버리기
37

반성을
버린다

| 못 버리면 | 자신을 과소평가하고 성장할 수 없다. |
| 버리면 | 교훈과 경험치가 늘어난다. |

    반성에는 함정이 있다. 반성을 하면 자신이 얼마나 잘못했는지에만 초점이 맞춰진다는 함정이다. '주의가 산만해서 실수한다, 커뮤니케이션 능력이 낮아서 성공할 수 없다' 하면서 자신을 나무라기만 하면 그저 침울해질 따름이다. 자기 부정감이 커지면 '어차피 나는 안 돼.'라고 한계를 설정하며, 하지 않으려는 핑계를 찾게 된다.

    남의 탓으로 돌리면 아무런 성장도 할 수 없는 것처럼 자신을 나무라기만 하면 발전할 수 없다. 침울해진 상태에서는 긍정적인 에너지가 생겨날 리 만무하다.

    게다가 다음에 똑같은 상황이 생기면 필요 이상으로 두려워하거나 피하게 되므로 문제를 극복할 힘을 지니고 있음에도 예전에 실패했으니 지금도 안 될 거라며 기회를 놓칠 수 있다.

## 반성하지 말고 분석하고 대책을 강구하라

반성은 버리고 그 대신에 분석과 대책을 생각해야 한다. '내 탓이다, 내가 나쁘다'는 단순한 반성이 아니라, 원인이 무엇인지 자유롭게 분석하고 어떻게 해야 다음부터 더 잘할 수 있을지 대책을 강구한다. 생각을 이와 같은 식으로 바꿈으로써 침울한 마음을 달래고 다음을 위한 에너지를 얻는다.

성공한 사람에게서 공통적으로 볼 수 있는 사고 패턴은 발생한 일 자체는 잊고 그 일에서 얻을 수 있는 교훈만을 기억한다는 것이다. 자신이 실패한 사건 자체는 잊어버리므로 다음 도전을 두려워하지 않는다. 그러나 예전의 실패에서 얻은 교훈은 기억하기 때문에 다음번에 더 적절한 판단이나 행동을 취할 수 있다. 나는 결코 성공한 사람은 아니지만, 낙천적이고 긍정적이며 어디에든 도전하려는 자세를 지니고 있는 것은 이러한 사고 습관 덕분이라고 본다. 나는 과거의 사건 자체에 그다지 흥미가 없고 금세 잊어버린다. 어린 시절의 일도 거의 떠올릴 수 없고 20대 시절의 기억도 단편적이다.

그러나 '이렇게 하면 실패할 가능성이 커져, 이런 경우에는 이렇게 해야 해' 하는 교훈만큼은 확실히 기억 속에 남아 있어서 예전과 비슷한 일이 발생했을 때 순식간에 내가 취할 행동의 판단 기준이 세워진다. 예전에 회사를 두 번 파산시킨 일, 투자했다가 수억 원의 손해를 본 경험도 후회나 자책이 아니라 다음에는 그렇게 하지 말아야겠다는 가르침으로서 강렬하게 머릿속에 남아 있다.

## 경영자의 감은 누구나 익힐 수 있다

나는 직접 세미나와 행사를 주최하기 때문에 고객을 모으는 어려움을 잘 알고 있다. 100명 수용할 수 있는 세미나실을 빌렸는데 실제로는 3명밖에 오지 않았던 쓰라린 경험도 했다. 시행착오를 거치면서 웹 사이트에서 SEO 대책도 직접 하므로 접속 수를 늘리는 어려움 또한 마찬가지로 잘 이해한다. 덕분에 안이한 비즈니스는 쉽게 알아차릴 수 있다.

때로는 창업을 지망하는 사람에게서 비즈니스 계획에 관한 상담을 요청받고 새로운 사업에 참가해달라는 제안까지 받기도 한다. 들어보면 분명히 좋은 계획이고 구축하고자 하는 사업 시스템도 괜찮아 보인다. 상품도 매력적인 데에다 세부적인 편의성까지 잘 갖췄다. 하지만 비슷비슷한 서비스가 넘쳐나는 시장에서 고객이 하필 이 회사에 돈을 지불해서 상품을 구입할 특별한 이유가 없다. 어떻게 고객을 끌어모을 것인지에 관한 전략이 없는 셈이다. 이처럼 미션이나 비즈니스 모델은 훌륭하지만 가장 중요한 집객과 광고·선전 아이디어가 허술한 비즈니스는 매우 흔하다.

    예전에는 실패를 반성하면서 자기혐오에 빠진 적도 있었지만, 요즘에는 전혀 반성하지 않으므로 침울해지는 일도 사라졌다. 반성이 아닌 분석과 대책이야말로 마음을 평온하게 만들고 더욱 성장하도록 도와주는 밑거름이 된다.

버리기
38

## 사회는 냉혹하다는 생각을 버린다

> 못 버리면　답답한 인생을 강요받는다.
> 버리면　　인생이 편안해진다.

'사회는 냉혹한 법이다, 세상을 만만하게 봐서는 안 된다, 그런 안이한 생각은 사회에서 통하지 않는다'와 같은 훈계를 들어본 사람이 많을 것이다. 이러한 말은 언뜻 맞는 것처럼 들린다. 하지만 내가 어렸을 때와 지금을 비교해보면 세상 참 살기 좋아졌다는 느낌이 든다. 기업이 제공하는 모든 상품과 서비스를 예전보다 더 편하게, 더 풍요롭게, 그리고 더 자유롭게 활용할 수 있기 때문이다.

의식주의 예를 들어보자. 예전에 옷은 비교적 비싼 상품이었지만 지금은 유니클로나 H&M 등 저가 의류 브랜드가 등장하면서 종류도 풍부해지고 가격도 뚝 떨어졌다. 또한 저가격 외식 체인 덕분에 예전보다 외식비 부담이 줄어들었다. 슈퍼마켓에도 저가격 PB(private brand : 유통업체에서 직접 만든 자체 브랜드 - 역주) 상품이 늘어났고, 농가에서 직접 판매되는 농산물을 구입하면 안전한 식품을 저렴하게 손에 쥘 수 있다. 옷이든 식품이든 인터넷 쇼핑 등의 통신 판매 시스템이 알차게 갖춰져 있어 어느 곳에 거주하더라도 상품을 구입하는 데는 별문제가 없다.

내가 처음으로 도쿄에 올라와 생활하던 시절에는 버블 경제가 절정인 때라 레이킨(金 : 집을 빌릴 때 집주인에게 사례비 명목으로 주는 돈 - 역주)이 두 달치 월세에 해당하는 경우가 대부분이었지만, 지금은 레이킨을 아예 내지 않아도 되는 집이 많아졌다. 일본의 교외나 지방으로 가면 의료나 행정 서비스에서 불편할지도 모르지만, 수천만 원으로 구입할 수 있는 단독 주택이나 월세 10만 원 정도로 빌릴 수 있는 단독 주택은 널려 있다.

## 사회는 냉혹하다고 생각하는 어리석음

교육이나 직업은 어떨까? 내가 어렸을 때는 대학교에 가지 않으면 좋은 직장에 취업할 수 없다고 여겼는데 지금은 꼭 그렇지만도 않다. 질 높은 강의도 인터넷 동영상을 통해 무료로 마음껏 들을 수 있다. 이 세상 어디에서든 컴퓨터나 스마트폰만 있으면 얼마든지 공부할 수 있다. 직업 선택의 폭도 매우 넓어져 전 세계의 기업에 취직할 수 있게 되었다. 해외 구인 정보도 인터넷으로 금방 찾아낼 수 있고, 헤드 헌팅 비즈니스가 확대되어 이직의 벽도 낮아졌다. 주식 투자 수수료는 대폭 인하되었고, FX 스프레드도 매우 낮아졌다. 틈만 나면 언제, 어디서든 스마트폰으로 거래해서 용돈을 벌 수 있다. 대학생이 인터넷 비즈니스나 온라인 거래로 수십억 원을 벌었다는 뉴스가 나올 수 있는 것도 시대 환경 덕분이다.

오늘날에는 땡전 한 푼 없어도 충분히 성공할 수 있다. 평범한 사람과 부유층 사이의 울타리는 점점 낮아지고 있다. 이 얼마나 자유로운 세상인가? 내가 학생 시절에는 상상할 수 없었던 세상이다. 사회에 참여하는 모든 사람은 더 편리하고 더 자유로운 생활을 위해 행동하고 있다. 이러한 멋진 시절은 또 없을 것이라는 느낌이 들 정도다.

대졸 취업률 감소, 퇴직금 감소, 사회 보험료 부담 증가 및 수령액 감소, 세금 증가 등 부정적인 변화도 있지만, 전반적인 생활은 놀라울 만큼 편리해졌다. 이처럼 혜택받은 상황에서 왜 사회는 냉혹하다고 말하는 사람이 있을까? '우리나라에는 희망이 없다, 꿈이 보이지 않는 사회가 되었다' 같은 수장을 들으면 잠꼬대는 잘 때 하라고 쏘아붙이고 싶어진다.

### 필요 이상으로 어렵게 생각하게 된다

'세상은 만만치 않다, 세상은 냉혹하다'고 생각하면 새로운 일에 뛰어드는 데 주저하게 된다. 또한 불합리한 상황에도 참고 견뎌야 한다는 발상을 품게 된다. 힘들수록 가치 있는 것처럼 느껴져 사태를 더욱 심각하고 복잡하게 만든다. 하지만 실상은 그 반대다. 실패해도 다시 일어서면 그만이다.

흔히 일본은 패자에게 냉혹한 사회라고 말한다. 그런데 도대체 '패자'란 어떤 사람일까? 사업에 실패한 사람일까? 실패해도 다시 일어서면 된다. 회사를 파산시켜도 누구나 별다른 제약 없이 또 회사를 차릴 수 있다. 그렇게 생각하면 무엇이든 할 수 있는 세상이다.

많은 사람이 세상이나 사회를 너무 어렵게 생각하는 게 아닌가 싶다. 세상은 의외로 간단하다. 쉽게 생각해야 기회도 쉽게 찾을 수 있다.

버리기
39

## 학력과 자격증에 대한 집착을 버린다

| | |
|---|---|
| 못 버리면 | 한가한 사람으로 여겨진다. |
| 버리면 | 자기 투자의 성과를 최대화할 수 있다. |

'초등학교 → 중학교 → 고등학교 → 대학교 → 취직'이라는 인생 코스는 정말로 옳을까? 교육은 시대의 변화에 대응하고 있을까? 이러한 의문이 드는 것은 직업의 양상이 변화하고 있기 때문이다.

### 다음 세대는 현재 세상에 존재하지 않는 직업을 갖게 된다

우리가 초등학교에 입학했을 때 휴대전화, 스마트폰, 인터넷과 관련된 업계는 존재하지 않았다. 코칭이나 정보 보안 등도 최근에 생겨난 업종이다. 이처럼 20년 후의 미래에 아이들이 갖게 될 직업은 어쩌면 현재에는 아직 존재하지 않는 직업일 가능성이 크다. 이렇게 생각하면 기존 개념이나 해답이나 상식을 머릿속에 집어넣기를 반복하는 교육에 어떤 가치가 있는지 의문이다.

물론 일반적인 업무 진행 방법, 인간 심리, 문제 해결법, 아이디어 발상의 본질 등이 그렇게 쉽게 바뀌지는 않기 때문에 대부분의 사람은 고등 교육 기관에 진학하는 것을 여전히 중요하게 생각할 것이다. 그러나 현재 대학 교육은 천편일률적인 노동자를 양산하는 시스템에서 벗어나지 못하는 것 같다.

## 전 세계에서 활약하는 능력은 학교에서 배울 수 없다

창조적인 능력이 높은 사람은 창업을 하기 마련이다. 애플, 구글, 아마존처럼 해당 업계를 넘어 경쟁의 규칙마저 변혁한 회사가 이익을 독점한다. 특히 세계의 각 회사가 관여하는 스마트 혁명은 IT업계뿐 아니라 자동차나 에너지 산업의 양상까지 바꿔놓았다. 게다가 소셜 미디어 시대에는 전 세계에 수두룩한 각 분야의 프로들과 소통하며 글로벌 규모로 프로젝트를 수행하는 일이 일상이 되었다.

그런데 오늘날의 학교 교육은 새로운 것을 만드는 일, 기존의 시스템을 바꾸는 일, 사물의 본질을 파악하는 일, 소셜 미디어로 사교성을 기르는 일, 주장이나 가치관이 다른 사람과 대화하는 일 등의 능력을 갈고닦을 수 있는 커리큘럼이 없다. 대부분의 학교 교육은 오로지 시험 보고 좋은 점수 받기에 국한되어 있다. 초등학교에서는 심하지 않지만 자아가 형성되는 중학교나 장래의 진로를 고민하기 시작하는 고등학교에서는 입시 공부를 의식하지 않을 수 없다. 대학교도 이론을 중시해서 실무와 동떨어져 있기가 일쑤다. 연구자를 육성하는 데는 적합할지 몰라도 비즈니스맨의 기본을 쌓는 데는 적합하지 않다.

학력을 얻도록 하는 교육을 버리고 자신의 힘으로 인생을 헤쳐나갈 수 있도록 하는 교육이 절실히 필요하다.

## 자격증의 한계

지금 이 시간에도 많은 사회인이 자격증을 취득하기 위해 공부하고 있을 것이다. 예전에는 자격증을 가진 사람을 전문지식을 지닌 인재, 대단한 노력을 한 사람으로 평가했고 승진, 수당, 이직 등에서 조금이나마 이득을 봤다. 그러나 요즘에는 지식을 외우는 행위의 가치가 점점 줄어들고 있다. 중구난방으로 자격증을 너무 많이 가지고 있으면 한가한 사람이라는 평가가 내려지기도 한다.

자격증의 문제점은 수요와 공급의 균형이 무너졌다는 데 있다. 1990년대부터 지금까지 사법 시험, 법무사, 공인 회계

사, 세무사, 사회 보험 노무사, 중소기업 진단사, 공인 중개사 등의 국가 자격증을 취득한 사람은 100만 명을 넘어섰고, 지금도 매년 5만 명 이상의 합격자가 나오고 있다. 1990년대 전에 취득한 사람까지 합치면 현재 자격증을 보유한 사람의 수는 실로 어마어마할 것이다. 부기나 FP 등 공적 기관에서 주관하는 자격증을 취득한 사람까지 합하면 해마다 막대한 수의 자격증 취득자가 쏟아지는 셈이다.

그런데 인구가 감소되는 오늘날에는 자격증을 가진 사람들에 대한 수요가 높아질 전망이 보이지 않는다. 공급 과잉으로 사람이 남아돌아 덤핑 경쟁이 될 공산이 크다. 남과는 다른 색다른 무기 없이는 경쟁이 치열한 곳에서 살아남을 수 없다.

물론 자격증을 완전히 부정하는 것은 아니다. 세무사나 변호사처럼 법률에 의해 업무를 독점적으로 할 수 있도록 정해진 자격증도 많다. 지식 재산권 분야처럼 앞으로 수요가 확대될 전망을 보이는 자격증도 있다. 이러한 독점 분야에서 전문성 높은 기술을 익혀서 독립하고 싶다는 뚜렷한 의지가 있다면 자격증이 필요할 것이다.

단순히 취직하고 싶다는 막연한 이유로 자격증 공부를 시작하면 시간과 에너지의 낭비가 막심하다. 그러므로 자격증 공부를 시작하기 전에 '그 직종에 수요가 있는지, 앞으로도 수요가 쭉 유지될지, 어떤 방법으로 수익을 얻을 수 있을지'를 찬찬히 따져봐야 한다.

### 투자했으면 회수한다

20대에는 자신에게 투자하라는 주장에는 누구나 고개를 끄덕일 것이다. 그런데 투자를 했다면 당연히 회수해야 한다는 데는 생각이 미치지 못하는 경우가 많다. 즉, 자격증 공부를 시작하기 전에 공부에 들이는 시간과 돈을 어떻게 회수하면 좋을지를 동시에 생각해야 한다. 가장 중요한 회수 방법은 당연히 자격증을 이용해 돈을 버는 것이다. 비즈니스맨의 공부는 최종적으로 돈을 얼마나 버느냐로 귀결된다. 돈을 벌지 못하는 자격증 공부는 사회에 아무런 도움도 되지 않는 취미 혹은 시간 때우기일 뿐이다.

### 배움과 실천을 병행한다

몸을 움직여 배우는 것이 돈을 버는 자기 투자로서는 최고다. 예를 들어, 카피 라이팅에 관한 책을 읽고 바로 카피를 써본다. 톱 영업 사원의 노하우를 듣고 집에 돌아가면서 그대로 따라 해본다. 새로운 영어 표현을 익히면 그 자리에서 중얼거리며 여러 번 반복해본다.

이처럼 배운 것과 몸의 움직임을 곧바로 직결시키는 데

신경 쓰면 지식을 실천력으로 변환할 수 있다. 비즈니스맨의 공부는 머리로 기억하는 것이 아니라 자신의 손발을 움직여 몸으로 습득하는 것이다. 실천 경험을 쌓다 보면 성과를 내는 힘도 얻게 된다.

버리기
40

# 확대 지향을 버린다

> 못 버리면  쓸데없는 데 신경을 쓴다.
> 버리면    삶에 대한 만족도가 높아진다.

　나는 오랫동안 창업하면 회사를 꾸준히 키워야 한다는 고정 관념에 사로잡혀 있었다. 고용을 창출해서 직원을 많이 들이고, 번듯한 사무실을 빌리고, 매출 규모를 늘려가는 것이 경영자의 당연한 역할이라고 생각했다. 직원을 위해, 회사를 유지·발전시키기 위해 열심히 일하는 나의 모습이 나의 존재 이유이자 자기표현이자 삶의 보람이었다. 하지만 점차 이러한 발상이 스스로 이상으로 삼았던 자유로운 삶에 역행하는 행위가 아닐까 하는 의문이 생겨났다.

　그래서 지금은 회사의 주요 사업이었던 부동산 매매와 교육 분야 운영을 모두 분사해서 다른 경영자에게 맡기고, 나머지 프로젝트는 외주와 제휴 업체로 꾸려나가고 있다. 도심에 있던 넓은 사무실도 해약하고 자택 겸 사무실로 들어왔다. 직원 고용도 그만두고 1인 회사로 바꿨다. 재고와 각종 사무실 기기도 매각해서 가벼운 경영으로 변화를 꾀했다. 현재 일상 업무는 대부분 인터넷으로 해결하기 때문에 따로 사무실을 둘 필요가 없다. 나는 요즘 새로운 사업 계획을 생각하면서 짬짬이 인터넷 트레이딩을 하고, 카페에 가서 책 집필을 하고, 한 달에 몇 번씩 강연을 하는 생활을 하고 있다. 수십억 원 규모였던 회사 매출은 당연히 감소했지만 경비가 별로 들지 않는 만큼 이익률이 부쩍 높아져서 연 매출이 거의 고스란히 내 연봉이 되었다. 이로써 나는 자유와 돈을 함께 누리며 생활할 수 있게 되었다.

## 남의 진실과 나의 진실은 다르다

일련의 경험을 통해 나는 다음과 같이 생각하게 되었다.
'회사가 클수록 좋다고, 고용을 늘리는 것이 경영자의 사명이라고 남들이 아무리 떠들어도 내가 즐겁지 않다면 나에게 그 말은 사실이 아니구나.'

이와 마찬가지로 다른 사람들이 아무리 한 가지 길을 꾸준히 나아가는 것이 미덕이라 말해도 자기가 싫다면 평생 한 가지 일만 하지 않아도 된다. 직업을 여러 번 바꿔도 괜찮고, 동시에 여러 직업을 가져도 괜찮다. 두 마리 토끼를 쫓아서 두 마리 토끼를 다 잡을 수 있다면 그보다 더 좋은 일은 없다.
'도망치지 마라, 지금 이 자리에서 노력하라, 참고 견디면 복이 온다'고 말하는 사람이 많지만, 이와 같은 도덕심이나 주변의 압박이 자신의 행동을 옭아매버린다.

진실이나 가치관은 해석에 따라 변화무쌍하게 달라진다. 이 점을 깨달으면 세상의 상식이나 남의 눈으로부터 벗어나 자신을 해방시킬 수 있다. 스스로를 옭아매는 고정 관념을 버리면 마음과 행동이 한층 자유로워진다.

## 우리는 기업의 마케팅에 의해 물건을 사게 된다

일상에서도 우리는 확대 지향의 사고방식에 사로잡혀 있기 일쑤다. 국가나 기업의 마케팅에 의해 이상적인 인생, 바람직한 라이프 스타일이 세뇌됨으로써 늘 소비 수준을 높여야 한다는 확대 지향을 갖게 되는 것이다. 그 결과 효과가 없는데도 효과가 있는 것처럼 보이는 물건을 사게 되고, 필요 없는데도 필요한 것서럼 느껴져서 소비하게 된다. '당신의 가치를 높여드립니다'라는 감언이설에 속아 고액의 상품을 구입해버리는 것이다.

우리는 비즈니스맨으로서 혹은 경영자로서 '어떻게 하면 더 많이 팔 수 있을까?'를 고민하며 매일 일하고 있다. 그러나 이는 소비자 측에서 보면 기업을 위해 자신의 지갑을 여는 일과 마찬가지다. 회사에서는 소비자에게 팔려 하고, 생활인으로서는 사야 한다는 압력에 노출되어 있는 상반된 입장에 동시에 서 있는 것이 우리의 모습이다.

물론 일반적으로 확대 지향 자체는 의욕을 일으키는 동기가 된다. 그러나 자신의 인생 단계나 상황에 따라서는 일단 확대 지향을 버리는 편이 더욱 만족도 높은 생활을 보내는 방법일 수 있다. 예를 들어, 넓은 집이 필요한 시기는 아이가 성인이 될 때까지의 약 20년 정도다. 그 외의 시기에는 부부끼리만 살기 때문에 좁은 집을 적절히 수리해서 거주하는 편이 합리적이다. 그러면 무조건 넓은 집을 마련하기 위해 아등바등할 필요가 없어진다. 어떤 식재료가 들어갔는지 알 수 없는 외식보다는 직접 안전을 확인할 수 있는 식재료를 사서 가족끼리 저녁 식사를 만들어 먹는 편이 더 즐거울지도 모른다. 그러면 괜히 맛집 정보에 휘둘릴 필요도 없다. 해마다 새 옷과 신발을 사지 않아도 약간 손질만 하면 괜찮은 상태로 유지해서 계속 착용할 수 있다. 그러면 업계에서 선동하는 트렌드에 휘둘리지 않아도 된다.

높은 생활 수준과 알찬 생활은 반드시 동의어라 할 수 없다. 소비를 하지 않아도, 고액의 물건을 사지 않아도, 다른 집과 다르더라도 생각만 약간 바꾸면 충분히 즐거운 생활을 보낼 수 있다. 좋아하는 사람과 함께라면 카페에서 마시는 커피 한 잔만으로도 만족스러운 시간을 보낼 수 있는 법이다.

**나쁜 습관 정리법**

초판 1쇄 발행 2017년 1월 20일
초판 6쇄 발행 2017년 5월 1일

지은이 | 고도 도키오
옮긴이 | 이용택
발행인 | 이원주

임프린트 대표 | 김경섭
기획편집 | 김순란 · 강경양 · 한지은 · 정인경
디자인 | 정정은 · 김덕오
마케팅 | 노경석 · 조아나 · 이유지
제작 | 정웅래 · 김영훈

발행처 | 지식너머
출판등록 | 제2013-000128호
주소 | 서울특별시 서초구 사임당로 82 (우편번호 06641)
문의전화 | 편집 (02) 3487-1151, 영업 (02) 3471-8043

ISBN 978-89-527-7760-7  13190

이 책의 내용을 무단 복제하는 것은 저작권법에 의해 금지되어 있습니다.
파본이나 잘못된 책은 구입한 곳에서 교환해 드립니다.

### 부록

**나쁜 습관 정리 카드**

# 나쁜
# 습관
# 갈기갈기
# 찢어
# 버리자!

이 책에 나온 40가지 나쁜 습관을 하루에 하나씩 차근차근 버려봅니다. 정리된 습관이 적힌 카드를 뜯고 찢어버리는 의식을 통해 다시는 그 습관이 나를 잠식하지 않게 철벽을 치도록 합니다. 더 나아가 백지 카드에 버리고 싶은 나쁜 습관을 직접 적은 다음 갈기갈기 찢어버려봅니다.

| 버리기 2 | 자신의 노력에 대한 자랑을 버린다 | 버리기 1 | 부정적인 말을 버린다 |
|---|---|---|---|
| 버리기 4 | 남에 대한 험담을 버린다 | 버리기 3 | '바쁘다'라는 말을 버린다 |
| 버리기 6 | 바른말을 버린다 | 버리기 5 | 핑계를 버린다 |
| 버리기 8 | 친구를 버린다 | 버리기 7 | 공적을 버린다 |
| 버리기 10 | 자존심을 버린다 | 버리기 9 | 남과 비교하는 의식을 버린다 |
| 버리기 12 | 인맥 관리를 버린다 | 버리기 11 | 좋은 사람을 버린다 |
| 버리기 14 | 자기계발서를 버린다 | 버리기 13 | 기브 앤 테이크를 버린다 |
| 버리기 16 | 절약과 저축에 대한 강박을 버린다 | 버리기 15 | 물욕을 버린다 |
| 버리기 18 | 시간 관리를 버린다 | 버리기 17 | 사진과 수첩을 버린다 |
| 버리기 20 | 문제 해결 지향적 사고를 버린다 | 버리기 19 | 고객 지향성을 버린다 |

| | | | |
|---|---|---|---|
| 못 버리면 | 능력 있는 사람과 멀어지고 능력 없는 사람이 다가온다. | 못 버리면 | 자의식 과잉이 나타나 재수 없는 사람으로 여겨진다. |
| 버리면 | 목표 달성에 도움이 되는 긍정적 사고가 몸에 밴다. | 버리면 | 성과에 초점이 맞춰지고 노력도 높은 평가를 받는다. |
| 못 버리면 | 주변의 변화를 알아차리지 못한다. | 못 버리면 | 상상력이 무뎌지고 성장이 멈춘다. |
| 버리면 | 상황을 전체적으로 내려다보는 힘이 강해지고 업무 처리 능력이 높아진다 | 버리면 | 마인드 컨트롤의 달인이 된다. |
| 못 버리면 | 사람이 떠나간다. | 못 버리면 | 말만 번지르르한 성가신 사람으로 평가받는다. |
| 버리면 | 신뢰를 얻는다. | 버리면 | 조직을 바꾸는 핵심 인물이 된다. |
| 못 버리면 | 주변의 불평을 산다. | 못 버리면 | 눈에 띄는 성과를 내는 데 실패한다. |
| 버리면 | 함께 일하고 싶은 사람이 된다. | 버리면 | 자신을 성장시켜줄 사람과 만난다. |
| 못 버리면 | 쓸데없는 에너지를 잔뜩 소비해버린다. | 못 버리면 | 성장할 기회를 놓치고 만다. |
| 버리면 | 행복해지기 위한 행동에 집중하게 된다. | 버리면 | 지식과 인맥이 넓어지고 빠르게 성장할 수 있다. |
| 못 버리면 | 늘 누군가의 뒤를 좇아가는 인생을 산다. | 못 버리면 | 결국 인맥이 생기지 않는다. |
| 버리면 | 보통 사람이 알아차리지 못하는 가치를 발견한다. | 버리면 | 필요한 인맥이 자연스럽게 생긴다. |
| 못 버리면 | 쓸데없는 실망과 분노를 품는다. | 못 버리면 | 자기계발서 관계자의 호구가 된다. |
| 버리면 | 인간관계의 스트레스가 줄어든다. | 버리면 | 정말 필요한 실무서를 만난다. |
| 못 버리면 | 전혀 돈이 모이지 않는다. | 못 버리면 | 인생이 축소 균형을 이루게 된다. |
| 버리면 | 정신을 차려보니 돈이 쌓여 있다. | 버리면 | 깊고 풍요로운 인생을 살 수 있다. |
| 못 버리면 | 쓰레기를 보관하는 데 집세를 내게 된다. | 못 버리면 | 바쁘게 일한다는 사실에 만족하고 만다. |
| 버리면 | 과거의 사건이 긍정적인 힘으로 바뀐다. | 버리면 | 성과를 추구하게 된다. |
| 못 버리면 | 대담한 발상에서 멀어진다. | 못 버리면 | 해결해야 할 문제가 늘어난다. |
| 버리면 | 세상을 뒤집는 아이디어가 나온다. | 버리면 | 중요한 문제의 해결에 집중할 수 있다. |

| 버리기 22 | 업무 시간에만 일한다는 생각을 버린다 | 버리기 21 | 정보를 버린다 |
| --- | --- | --- | --- |
| 버리기 24 | 자사 기준의 평가를 버린다 | 버리기 23 | 완벽주의를 버린다 |
| 버리기 26 | 조기 은퇴를 버린다 | 버리기 25 | 경력 향상 지향적 사고를 버린다 |
| 버리기 28 | 인내를 버린다 | 버리기 27 | 성공 경험을 버린다 |
| 버리기 30 | 질투를 버린다 | 버리기 29 | 흑백 논리를 버린다 |
| 버리기 32 | 분수를 버린다 | 버리기 31 | 의존심을 버린다 |
| 버리기 34 | 근심거리를 버린다 | 버리기 33 | 콤플렉스를 버린다 |
| 버리기 36 | 다른 사람이 만든 성공 기준을 버린다 | 버리기 35 | 정의감을 버린다 |
| 버리기 38 | 사회는 냉혹하다는 생각을 버린다 | 버리기 37 | 반성을 버린다 |
| 버리기 40 | 확대 지향을 버린다 | 버리기 39 | 학력과 자격증에 대한 집착을 버린다 |

| | | | | |
|---|---|---|---|---|
| 못 버리면 | 정보에 휘둘린다. | | 못 버리면 | 50대 이후에 수입이 줄어든다. |
| 버리면 | 사고력이 높아진다. | | 버리면 | 업무의 저력이 높아진다. |

| | | | | |
|---|---|---|---|---|
| 못 버리면 | 스트레스로 점철된 인생을 산다. | | 못 버리면 | 타사와 타업계에서 통용되지 않는다. |
| 버리면 | 도전하는 체질로 바뀐다. | | 버리면 | 어디서나 활용 가능한 능력이 개발된다. |

| | | | | |
|---|---|---|---|---|
| 못 버리면 | 힘든 인생을 내달리게 된다. | | 못 버리면 | 결국 은퇴할 수 없다. |
| 버리면 | 직업 만족도가 높아진다. | | 버리면 | 평생 좋아하는 일을 하며 산다. |

| | | | | |
|---|---|---|---|---|
| 못 버리면 | 성가신 꼰대가 된다. | | 못 버리면 | 쓸데없는 노력이 늘어난다. |
| 버리면 | 모든 경험을 좋게 받아들일 수 있다. | | 버리면 | 하고 싶은 일을 실현하는 방법을 발견한다 |

| | | | | |
|---|---|---|---|---|
| 못 버리면 | 생각이 멈춘다. | | 못 버리면 | 상상력이 떨어진다. |
| 버리면 | 자신의 판단에 근거와 자신감을 가질 수 있다. | | 버리면 | 모든 사람에게서 배울 수 있다. |

| | | | | |
|---|---|---|---|---|
| 못 버리면 | 남의 형편에 맞추게 된다. | | 못 버리면 | 시대와 환경의 변화에 뒤처진다. |
| 버리면 | 인생을 원하는 방향으로 돌릴 수 있다. | | 버리면 | 현재 가지고 있는 능력의 한계를 돌파할 수 있다. |

| | | | | |
|---|---|---|---|---|
| 못 버리면 | 소극적인 발상밖에 하지 못한다. | | 못 버리면 | 쓸데없이 시간과 기력을 빼앗긴다. |
| 버리면 | 콤플렉스가 비즈니스의 강력한 무기가 된다. | | 버리면 | 해야 할 일을 찾을 수 있다. |

| | | | | |
|---|---|---|---|---|
| 못 버리면 | 시야가 좁아지고 고집이 세진다. | | 못 버리면 | 사회나 타인의 기준에 얽매인다. |
| 버리면 | 다양한 해결책을 발견할 수 있다. | | 버리면 | 성공의 기준을 나름대로 정의 내릴 수 있다. |

| | | | | |
|---|---|---|---|---|
| 못 버리면 | 자신을 과소평가하고 성장할 수 없다. | | 못 버리면 | 답답한 인생을 강요받는다. |
| 버리면 | 교훈과 경험치가 늘어난다. | | 버리면 | 인생이 편안해진다. |

| | | | | |
|---|---|---|---|---|
| 못 버리면 | 한가한 사람으로 여겨진다. | | 못 버리면 | 쓸데없는 데 신경을 쓴다. |
| 버리면 | 자기 투자의 성과를 최대화할 수 있다. | | 버리면 | 삶에 대한 만족도가 높아진다. |